나는
정부과제로
창업한다

내 돈 들이지 않고 정부과제 지원금으로 시작하는
성공창업 가이드북

나는 정부과제로 창업한다

GOVERNMENT OPEN TASK

• 우 혁, 박성완 지음 •

한스미디어

정부 과제는 누구에게나 열려 있다

우 혁

사업을 하다 보면 순간순간 '탈진burnout'되는 경우가 많다. 그럴 때는 회사 업무를 잠시 잊고 어떤 식으로든 자신을 안정relax시키는 방법을 찾는 것도 사업자의 능력 중 하나다. 대부분의 회사 대표들은 회사 일과 관계없는 사람을 만나거나 각자의 취미 활동을 한다. 필자는 종종 이 책의 공저자인 박성완 팀장을 만나 사업 이외의 다양한 주제로 이야기를 나누고는 했다.

작년 봄이었다. 분당 율동공원 커피숍에서 박성완 팀장을 만나 정부 과제에 대해 이야기를 나누던 중, 나름 전문적인 경력을 가지고 있는 분이 '정부 과제 창업'에 대해서는 대학생보다 모르고 있다는 데 깜짝 놀랐다. '20년간 경험을 쌓아온 역량 있는 전문가가 어떻게 정부 과제에 대해서는 저렇게 모를 수 있지?'라고 생각한 나는 정부 과제에 대해 상세하게 이야기를 들려주었다.

그날 이후 박 팀장은 정부 과제 창업에 대한 책을 써볼 것을 제안했다. "우 박사, 아마도 나처럼 정부 과제에 대해 모르는 사람이 적지 않을 것 같은데, 책을 한번 써보는 게 어떨까?" 그렇게 해서 이 책의 집필은 시작되었다.

　이 책을 집필하는 동안 방향이 몇 번 수정되었지만 초기에 목표했던 핵심 내용들은 그 틀을 유지했다. 특히 일반적으로 정부 과제 창업을 둘러싸고 품기 쉬운 다음과 같은 3가지 오해를 푸는 데 중점을 뒀다.

　① 정부 과제는 어렵다.
　② 정부 과제는 눈먼 돈이다.
　③ 정부 과제는 높은 자격을 요한다.

　①번의 경우, 오해가 있다. 정부 과제는 생각보다 어렵지 않다. 서류 전형과 면접이 있어서 그에 맞춰 서류 쓰는 법과 면접 보는 법을 알면 그뿐이다. ②번의 경우, 생각보다 정부는 허술하지 않다. 되도록 사업 신청자들에게 혜택을 주려고 하지만 준비되지 않은 신청자들에게는 결코 혜택을 주지 않는다. ③번이 가장 많이 하는 오해 중 하나다. 자격 요건이 다양한 것이지 결코 커트라인을 만들어 신청자들을 막지 않는다. 그러므로 누구에게나 열려 있는 것이 정부 과제 창업이다. 단, 나에게 맞는 정부 과제를 찾는 법이 다소 어려울 뿐이다. 이 책은 이렇듯 누구에게나 열려 있는 정부 과제 창업의 길을 좀 더 쉽고 빠르게 소개하기 위한 것이다. 모쪼록 성공 창업을 원하는 이들에게 작은 도

움이라도 되었으면 하는 바람이다.

먼저 함께 사업을 하고 있는 회사 동료와 아버지, 어머니를 비롯한 가족들에게 감사를 드린다. 그리고 창업할 수 있도록 용기를 주신 한국항공대학교 권용진, 이동준 교수님, 창업 후 도움을 주신 한국항공대학교 산학협력단 장용희 박사님, 박창현 선생님, 김재윤 센터장, 박수일 님께도 감사드린다. 이 책이 출판될 수 있도록 도와주신 한스미디어 모민원 팀장님과 박성완 공저자님, 응원해주신 오일환, 김자혁, 이종호, 김미영 님께도 감사의 마음을 전한다.

당신이 꿈꾸던 창업과 정부 지원 과제의 멋진 만남

박성완

20년간 프로그래밍을 하고 살았다. 대기업에 다니며 안정된 월급을 받던 월급쟁이 시절에도, 그리고 벤처에서 일하며 IPO를 꿈꾸었던 시절에도, 심지어 IPO를 성공하고 형제로 여겼던 창업자들이 빠져나간 Exit 이후에도 '경력과 실력'을 무기로 회사를 옮겨 다니며 계속 프로그래밍을 하며 살아왔다. 직장인 대부분이 그렇겠지만 필자에게는 '전문가적 능력'만이 먹고살 길이었다. 그러다 보니 문제가 생겼다. 시간이 지나면서 '아는 것도 많고 인맥도 많아졌지만' 내가 회사를 나와서 할 수 있는 것은 '거의 없었다'는 점이다.

필자는 1인 회사 One Man Company를 운영한다. 즉 프리랜서로 활동하고 있다. 그러다 보니 '창업'에 대한 제안이 들어올 때마다 이를 뿌리쳤었다. 대부분은 금전적인 원인이 이유였다. 그러나 이번 책을 우혁 박사와 진행하면서 생각이 많이 달라졌다. 참고로 우혁 박사는 20대 병역특례병 때부터 내가 직접 프로그래밍을 가르쳤던 팀원 중 하나였다. 그런 우혁 박사가 어느 날 내게 찾아와 '정부 지원 창업'에 대해 이야기하며 본인이 개발자에서 학자, 다시 사업가로 변모했던 과정을 들려주었다. 순간 그간 내가 가져왔던 창업에 대한 편견이 사라지는 동시에, 내가 원하는 것과 정부 지원 창업의 컬래버레이션에 대한 꿈을 꿀 수 있게 되었다.

과거(1년 전)의 필자를 비롯해, 사람들은 대부분 정부 지원 창업에 대해 오해를 하고 있다. '정부 지원 창업은 아무나 할 수 있는 것이 아니다'라고 말이다. 그러나 정부 지원 창업은 전문가들만이 할 수 있는 사업이 아니다. 자신의 꿈이 있고 이를 정부가 가치 있는 창업이라고 판단하면 누구에게든 '지원'을 해주는 시스템이다. 즉 정부가 돈을 빌려주는 것이 아니다. 정부가 판단하건대 괜찮은 제안이라고 생각되면 창업에 필요한 자원(금전, 장소, 영업, 홍보, 물품)을 무상으로 지원해주는 제도다. 사업을 하면서 시제품을 만들려고 하거나 사업의 초반 기틀(특정 분야에서는 이를 초기 세팅Setting이라고 부른다)을 잡고자 한다면 정부 지원 창업은 아주 좋은 국가 사업에 틀림없다. 그런 점에서 우혁 박사에게 정부 지원 창업의 실체(?)를 알게 해주어 감사하다는 말을 하고 싶다.

이 책의 전반부는 필자와 같이 사회 경력만 많고 자기 사업에 대해서는 신입에 가까운 사람들에게 정부 지원 창업 사업이란 어떤 것인가를 알려주는 내용이다. 필자가 던지는 간절하지만 초보적인 궁금

중에 우혁 박사가 답변하면 그것을 기본으로 내용을 정리하는 '질의문답'으로 구성했다. 그런 점에서 누구에게나 쉽게 다가갈 수 있는 글이 되었다는 점을 조심스럽게 강조하고 싶다.

마지막으로 이 책이 나오는 데 많은 인내와 조언을 해주신 한스미디어의 모민원 팀장님에게 감사를 드린다. 오랜 시절 친구로 지내긴 했지만 인품과 지적 능력은 필자보다 10년 앞서(심지어 외모도)는 이 시대의 건강하고 멋진 출판인이다. 그리고 남편 때문에 고생하는 우리 마누라 강민영과 그의 개구쟁이 딸 박서아에게 사랑한다고 전하고 싶다.

CONTENTS

머리말
- 정부 과제는 누구에게나 열려 있다_ 우혁 • 4
- 당신이 꿈꾸던 창업과 정부 지원 과제의 멋진 만남_ 박성완 • 7

프롤로그
- 당신의 미래를 위한 7가지 고민과 그 해답 • 14

CHAPTER 1
정부 과제는 누구에게나 열려 있다 • 20

01 정부 과제란 무엇인가 • 23
02 정부 과제 공고 • 28
03 정부 과제의 종류 • 32
04 창업 정부 과제 찾기 • 38

CHAPTER 2
퀵 스타트(Quick Start) • 42

05 서면평가가 먼저다 • 45
06 대면평가까지 가보자 • 54

CHAPTER 3

창업하기 전에 알았더라면 좋았을 것들 70

    07 개업과 창업은 다르다 73
    08 창업 지원금: 출연금 vs. 융자 77
    09 창업하기 전 자세와 제한 81
    10 금방 창업한 사장은 잡부다 85
    11 목표를 두어야 한다: 출구 전략 89

CHAPTER 4

정부 지원 받고 창업하기 위한 3가지 노하우 94

    12 사업 계획서를 잘 쓰자 97
    13 인맥 활용을 하자 109
    14 지원금 사용에 유의하자 113

CHAPTER 5

정부 창업 과제 시작하기 116

    15 무엇부터 시작해야 하는가? 119
    16 창업 과제를 어떻게 찾아야 하는가? 125
    17 정부 창업 사업화 과제는 어떤 것이 있는가? 129
    18 정부 창업 시설·공간 지원 과제에는 어떤 것이 있는가? 143

CONTENTS

19 정부 창업 교육 과제에는 어떤 것이 있는가? • 149
20 정부 창업 판로·해외 진출 과제에는 어떤 것이 있는가? • 155
21 정부 창업 멘토링·컨설팅 과제에는 어떤 것이 있는가? • 159
22 정부 창업 행사·네트워크 과제에는 어떤 것이 있는가? • 165
23 정부 창업 R&D 과제에는 어떤 것이 있는가? • 172
24 그 밖에 정부가 창업을 위해 무엇을 지원하는가? • 174

CHAPTER 6

정부 창업 과제 사업 계획서 만들기 • 180

25 사업 계획서 기본 용어 • 183
26 사업 계획서 공고문 살펴보기 • 185
27 사업 계획서 양식 살펴보기 • 192
28 사업 계획서 작성 시 주의할 점 • 202

부록

- 2017년도 정부 창업 지원 사업 현황 • 216
- 지역별 창조경제혁신센터 • 225
- 지역별 창업 선도 대학 • 228

CHARACTERS

등장 인물 소개

고민중 씨
남부러운(?) 대학의 경제학과를 졸업하고 중소기업에서 그럭저럭 월급 받아가며 일하다가 뜻한 것이 있어 창업을 준비 중이다. 일찍이 스타트업을 창업해 성공한 CEO 소리를 듣고 있는 우 박사에게 창업에 관한 조언을 구하고 있다.

우 박사
학창시절 남보다 한 발 앞서 ICT에 눈을 뜬 덕에 세상 돌아가는 흐름을 제법 꿰뚫고 있는 스타트업의 CEO. 정부 정책에 관심이 많고 정부 창업 과제로 스타트업 창업을 하였으며, 정부 과제로 제품 개발과 상용화 경험이 풍부하다. 대학과 공기관에서 활발히 강의하며 창업에 목마른 이들을 돕고 있다.

프롤로그

당신의 미래를 위한 7가지 고민과
그 해답

직장인(월급쟁이)만큼 '좋은 사업'은 없다. 그러나 세상이 급변하면서 그 좋은 사업(직장인)이 많이 사라지고 있다. 즉 갈수록 회사생활하기 힘들어지는 것은 더 이상 나의 의지로 어찌해볼 수 있는 영역이 아니라는 뜻이다.

전 세계적으로 직업이 사라지고 고용이 줄고 있다. 결국 '어쩔 수 없이' 창업은 선택이 아니라 필수로 되어버리는 것이 현실이다. 이젠 창업을 생각해야 한다. 그렇다고 무턱대고 할 수 없는 것이 바로 이 창업이다. 서점에 널린 책에는 '전설적인 성공 사례'에 대한 내용만 가득하다. 내 자신에게는 현실적이지 못한 내용이다. 결국 우리에게 필요한 것은 '현실'이다. 그러므로 다음과 같은 내용들을 고민해볼 필요가 있다.

고민 1. 전 세계 맥도널드 매장 수보다 많은 치킨집, 그보다 더 많은 커피숍

우리나라는 해마다 100만 개의 사업자가 신규 등록을 하고, 80만 개의 사업자가 폐업을 한다. 창업해서 3년을 버티는 생존율이 30% 이하란 얘기다. 5년 생존율은 10% 이하다. 우리나라 치킨집 수는 3만 6천여 개로 전 세계 맥도널드 매장 수 3만 5천여 개보다 많다. 커피숍은 4만 8천여 개로 치킨집보다 더 많다. 이런 상황에서 치킨집이나 커피숍을 개업하여 성공할 수 있을까? 더군다나 평생 사업은 고사하고 장사도 한번 안 해본 사람들이 성공할 수 있을까?

사업을 시작하기 전 사람들은 모두 자신이 하려는 사업이 결코 쉽지 않다는 것을 알고 있다. 그러나 자신이 하면 다를 것이라고 믿는다. 사업을 시작하면 정말로 열심해서 잘할 수 있다고 생각하지만 현실은 그리 녹록지 않다. 사업은 자신의 의지와 노력 외에도 많은 능력(법무/세무/회계/마케팅/특허/영업/기술/수출입)을 요구한다.

고민 2. 어떻게 창업 자금을 마련할까?

이 책을 읽고 있는 독자라면, 한 번쯤 창업을 생각해본 독자일 것이다. 그렇다면 창업 자본을 어떻게 마련할 계획이냐고 질문을 던져본다. 창업 자본은 크게 자기 자본, 금융 대출, 민간 투자, 정부 지원 등 4가지로 구분할 수 있을 것이다.

우리나라는 부족한 창업 자금을 대부분 금융권 담보 대출과 같은 개인의 빚으로 충당하기 때문에 한두 번의 실패가 개인 파산과 같이 극단적인 상황까지 몰아가기도 한다. 반면 민간이 주도하는 활발한 투자 문화가 정착된 선진국에서는 개인의 창업이 훨씬 수월하다. 미국은 물론이고 최근에는 중국도 민간 주도 형태의 창업 자금 지원 문화가 활성화되어 있다.

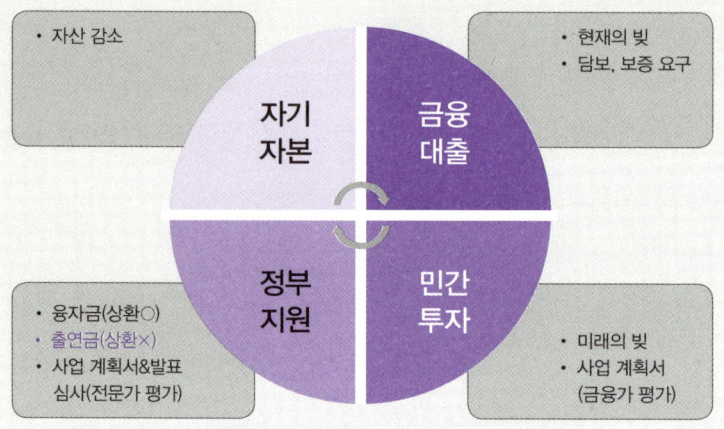

고민 3. 빚

자기 자본으로 창업을 한다는 것은 자기 자본을 법인 사업자의 자본금으로 마련하는 것이다. 이때 창업과 동시에 창업자 개인의 자산은 감소한다.

자본금이 부족한 창업자들은 금융권 대출을 고민하기 마련이다. 금융 대출은 보통 담보와 보증을 요구한다. 현재 내 자산은 감소하지 않지만, 현재의 빚이 발생한다. 또 빚을 갚지 못할 경우에 대한 부담감이 발생한다.

민간 투자로 부족한 자본금을 채운 창업자는 성공한다면 장밋빛 미래가 기다리고 있을 것이다. 그러나 실패하면 그 투자금이 고스란히 빚이 될 수도 있다. 현재의 빚은 아니더라도 실패한다면 미래의 빚이 될 수도 있는 것이다. 물론 금융 대출보다 그 부담은 덜할 것이다.

그러나 정부 지원(출연금)을 이용하여 창업하면 창업 후 사업에 실패하더라도 상환 의무가 없다. 현재의 빚도, 미래의 빚도 생기지 않는 것이다.

고민 4. 누가 평가하는가?

자기 자본으로 창업을 한다면 누구한테도 아쉬운 소리를 할 필요 없이 자기 마음대로 사업을 시작하면 된다.

금융 대출을 받기 위해서는 무슨 목적으로 대출을 받는지 은행 창구 직원에게 이야기해야 한다. 사업을 한다고 한다면 어떤 사업 분야인지도 이야기한다. 그러나 이 은행 직원은 사업의 성공 확률이 아닌, 담보 및 보증을 보고 대출을 해줄 것이다.

민간 투자를 받기 위해서는 사업계획서를 작성해야 한다. 그리고 그 사업계획서를 갖고 투자전문가 혹은 투자자들에게 평가를 받아야 한다. 그러나 그 투자자들이 평가하는 것은 금융적인 평가이지 사업 전반에 관한 평가는 아니다.

반면 정부 지원을 받기 위해서는 사업계획서 평가 및 대면 평가를 받아야 한다. 이때 평가위원들은 대학 교수, 기술 전문가, 마케팅 전문가, 변리사, 회계사 등 사업과 관계된 다양한 전문가들이다. 정부 과제는 자금 지원뿐만 아니라 다양한 평가위원들로부터 사업 아이템에 대한 심도 있는 평가를 받을 수 있다는 장점이 있다. 이 평가위원 몇 명도 설득하지 못하는 사업이라면 차라리 하지 않는 것이 나을지도 모른다.

고민 5. 정부는 왜 창업 자금을 지원해주는 것일까?

건전한 창업 문화를 선도함으로써 경제에 활력을 불어넣을 수 있기 때문이다. 최근 세계 각국은 '일자리' 문제에 사활을 걸고 매달리고 있다. 미국의 오바마 전 대통령이 퇴임 시까지 높은 지지율을 기록할 수 있었던 것도 청년 실업률 문제 해결에 가시적인 성과를 내놓았기 때문이다. 유럽 경제를 이끌고 있는 독일의 경제 부흥도 개인과 중소기업의 역동적인 창업 문화 덕분이다. 창업은 본인 이외의 고용 창출에도 기여할 수 있으므로, 국가는 적극적으로 이슈가 될 만한 사업을 선정하여 정책을 통해 이를 밀어주는 것이다.

고민 6. 나이?

정부 과제 중 스마트벤처창업학교, 창업 성공 패키지(구 청년창업사관학교)와 같은 청년 창업 과제는 만 39세로 신청 자격을 제한한다. 그러므로 만 40세가 되기 전에 창업을 시도하는 것이 유리하다. 만 40세 이상이라면 청년 창업 과제 이외의 일반 창업 과제를 신청할 수 있다. 시니어 창업 과제는 오히려 나이가 많아야 신청이 가능하다.

청년 전용 창업 자금은 창업자가 만 39세 이하로 창업 3년 이내에 신청 가능한 융자다. 최대 1억 원의 융자를 2.5% 고정 금리로 최대 3년 거치 6년까지 사용할 수 있다. 최대 장점은 사업이 실패했을 때 20%만 상환하는 조건으로 대출해주는 청년 특례 보증 제도가 있다는 것이다.

고민 7. 정부 과제로 창업하면 유리한 점은 무엇인가?

어떻게 하면 성공할 수 있냐는 질문에는 답하기가 정말 어렵다. 성공한 사람들의 이야기를 듣고서 그대로 따라 한다면 성공할 수 있을까? 모범 답안이 있어서 그대로 따라만 하는 것으로 성공할 수 있다면 얼마나 좋을까? 그러나 성공하는 방법에는 정답이 없다.

반면, 어떻게 하면 실패하는지는 많이들 알고 있다. 저자는 성공하는 방법을 좇기보다는 실패할 수 있는 가능성을 다 피해가면서 살아남는다면 언젠가 성공의 기회가 오지 않을까 하고 생각한다.

정부 과제로 창업을 하면 실패를 피해갈 수 있다는 이점이 있다. 먼저 인큐베이팅을 통하여 창업 전부터 창업 후까지 법무/회계/마케팅 등에 대해 체계적으로 교육과 상담을 받을 수 있다. 또한 창업 팀들 간 공동 구매/계약 등을 통해서 저렴하게 필요한 계약들을 체결할 수 있다. 분야가 비슷한 팀들 간에는 공동 브랜드를 통하여 마케팅 역량을 강화할 수 있다.

또한 사업을 시작할 때 가장 어려운 점 중 하나는 상대 회사에게 신뢰를 얻는 것이다. 이제 막 창업한 회사를 어떻게 믿고 거래를 할지 설득하는 일이 가장 어려운 점 가운데 하나다. 그러나 정부 과제를 통하여 창업을 하였다면 상대 회사에 조금 더 신뢰를 줄 수 있다. 저자가 겪은 예를 하나 들면, 창업 과제를 위탁 운영한 정부 기관 산하 진흥원 로고를 명함 뒷면에 인쇄하여 상대편 회사에 좋은 첫인상을 줄 수 있었다.

CHAPTER 1

정부 과제는 누구에게나 열려 있다

사람들 대부분은 창업보다는 직장에 익숙하다. 학창 시절 열심히 공부해서 좋은 학교에 진학하려던 이유는 공부 자체가 아닌 더 나은 '직장'에 있었음을 부정하기 힘들 것이다. 그리고 그렇게 들어온 직장에서도 경력을 쌓기 위해 고군분투한다. 결국 어릴 때부터 정년퇴임이 가까울 때까지 많은 사람들이 그저 '직장'을 기준으로 무엇인가를 쟁취하기 위해 애를 쓴다. 그러나 문득 정신을 차려보면 어느덧 직장에서 이제는 필요 없다며 쫓겨날 위기에 있는 자신을 발견한다. 그리고 가장 큰 문제는 자신은 직장 외의 다른 목표를 구체적으로 생각하지 않고 살아왔음을 깨닫는 것이다. 이런 우울한 이야기는 비단 대한민국에서만 일어나는 상황은 아니다. 전 세계 대부분의 나라(사실인지 아닌지는 모르겠지만)에서 비슷한 처지를 호소하는 사람들을 SNS상에서 만날 수 있다.

한평생을 목표로 했던 삶의 터전이 사라지는 시점.
무언의 강요로 퇴사를 종용하는 분위기.
문명 속에서 보호를 받다가 한 번도 살아본 적 없는 야생의 세계에 버려지는 느낌.

이것이 직장에서 버려지고 '타의로 창업'을 시작한 사람들의 솔직한 심정이다.
그런 암담한 현실에서 정부는 국민을 외면하지 않는다. 다양한 프로그램으로 퇴직자와 창업자를 지원하고 계속 발전시켜 나간다. 이 책에서는 한 번도 스스로 창업을 생각해보지 않았던 사람들이 갑작스럽게 창업이라는 미션을 부여 받고 생존의 정글로 내던져졌을 때, 정부의 도움을 받아 헤쳐나가는 방법을 설명하고자 한다.
이 책을 한마디로 압축해서 소개하면 '정부 지원 과제를 이용한 생존 가이드'다. 정부 지원 과제를 이용한 창업은 대한민국 국민 모두에게 열려 있다.

정부 과제란 무엇인가

고민중 씨
정부 과제가 뭔가요?

우 박사
정부에서 주는 과제지요.

고민중 씨
정부가 과제를 왜 주나요? 과제를 하면 돈을 준다는 뜻인가요?

우 박사
네, 맞습니다.

고민중 씨
그래요? 그럼 누구나 할 수 있는 것인가요?

우 박사
네. 말 그대로 누구나 할 수 있습니다.

 고민중 씨

아, 그럼 지원금은 얼마나 되나요?

사실 과제라는 단어만 들으면 대학 시절이 생각난다. 그러다 보니 오랜 시절 직장생활을 했던 사람들에게는 과제라는 단어가 그다지 친근하지 않다. 그런 이유로 적지 않은 사람들이 '과제'라는 단어에 지레 겁을 먹고 학문적 접근이 필요하다고 오해한다. 아니다. 절대로 아니다. 과제는 숙제 같은 개념이 아니라 일종의 '프로젝트' 개념이다. 정부에서 프로젝트를 진행하는 데 참여할 사람을 찾는 것이고 그 내용에 부합되는 사람에게 과제를 위탁하는 것으로 생각하면 된다.

결국 정부가 창업하는 사람들에게 '돈을 주기 위해' 만드는 프로젝트가 '정부 과제'인 것이다.

그럼 정부는 왜 이런 사업을 하는 것일까? 정부는 국민을 먹여 살려야 할 의무가 있다. 그리고 국민이 안정된 수익을 창출해야 국가의 재정도 건강해진다. 따라서 국가 재정 안정을 위해 국민이 수익을 창출할 수 있는 프로젝트를 진행하는 것은 아주 자연스러운 국가의 정책 행위다.

먼저 창업을 하기 위해서는 창업 자금이 필요하다. 미국, 이스라엘을 비롯한 선진국, 중국만 해도 민간 주도 형태의 활발한 투자문화로, 창업 자금 마련이 우리나라보다는 수월하다. 그러나 우리나라는 민간 주도 형태의 창업자금 지원이 열악한 상황이다. 창업 자금이 부족한 많은 사람들이 은행권 담보 대출로 자금을 마련한다. 그러나 실패

시 모두 빚이 되므로, 창업에 큰 걸림돌이 되고 있다.

정부는 창업 과제를 통한 지원금을 예비 창업자와 개인 사업자, 초기 창업자(보통 창업 후 1년 이내)에게 제공하고 있다. 지원금에는 투자, 융자(대출)와 과제를 통한 출연금으로 나뉘진다. 투자는 정부와 지방자치단체(지자체) 등에서 엔젤 투자 매칭 펀드TIPS 형태로 지원한다. 민간의 엔젤 투자자가 일정 부분 투자를 결정하면, 해당 투자 금액의 몇 배수를 매칭하여 투자한다. 조건이 부합하면 창업 초기 기업들이 손쉽게 지원 받을 수 있다. 그러나 실패 시에 정부 투자 지원금은 상환 의무가 없거나 제한적이지만, 엔젤 투자자에게 받은 투자금은 빚으로 남을 수 있으니 유의해야 한다.

융자는 대출이다. 일반 시중 금리보다 낮은 금리로 대출을 해준다. 시중 대출과 다른 것은 담보가 부동산이 아닌 사업 아이템이란 점이 다르다. 원칙적으로는 회사가 파산하면 상환 의무가 없다. 그러나 많은 기관에서 대표자 연대 보증을 요구하고 있어, 실질적으로는 회사 파산 시 대표가 그 융자를 상환해야 한다. 단, 만 39세까지 지원되는 청년 특례 보증 제도를 이용하면 사업 실패 시 20%만 상환하는 조건으로 대출이 가능하다.

또 한 가지는 출연금이다. 출연금은 사업 아이템을 정부 과제 형태로 수행하는 것으로 순수 지원금이다. 이 출연금은 사업 외 목적으로 유용하지 않은 경우를 제외하고는 성공 여부에 관계없이 상환 의무가 없다. 즉, 회사가 파산해도 상환 의무가 없는 순수 지원금이다. 경쟁률이 매우 높으므로 많은 준비가 필요하다.

정부 과제 주요 진행 흐름

사업공고	→	과제신청	→	서면평가	→	현장조사	→	과제기획 지원
중소기업청		주관기관/온라인		전문기관		관리기관		주관기관 ↔ 과제기획기관

사후관리	←	최종평가	←	진도점검	←	협약 및 자금지원	←	대면평가 및 지원과제 선정
전문기관		전문기관		관리기관		전문기관 ↔ 주관기관		전문기관

• 출처: 정부 과제 공고문 중 첨부 파일 제안서 양식

   융자는 사업 계획서와 각종 인증서 등 서류만으로 평가가 이뤄진다. 보통 1개월 이내로 그 기간이 짧다. 출연금은 보통 창업 과제 형태의 공개 경쟁을 거쳐 평가가 이뤄진다. 1차로 사업 계획서, 인정서, 특허, 대표자 및 핵심 인력 이력 등으로 서면평가가 이뤄지고, 서면평가 합격자에 한하여 2차로 면접(대면평가)이 진행된다. 보통 공고문이 발표된 후 2~3개월의 과정에 걸쳐 평가가 이뤄진다.

   위 출연금과 융자를 모두 정부 지원금이라 한다. 이 책에서는 상환 의무가 없는 정부 출연금을 이용하여 창업하는 방법을 이야기할 것이다.

   정부 과제는 보통 총 지원 금액, 최대 지원 대상 수, 대상당 최대 지원 금액, 과제 기간을 결정한다. 이것이 정해지면, 사업 공고를 내고 신청 접수를 받는다. 신청 접수는 신청서, 사업 계획서를 비롯하여 인증서, 증명서, 특허, 근거 자료 등을 첨부한다. 신청 접수 마감 후 서면평가에서 보통 2~5배수를 선정한다. 서면평가를 통과한 팀을 대상으로

대면평가가 이뤄진다. 대면평가는 외부 평가위원 6~10명 정도 앞에서 지원자가 발표를 하고, 그에 대한 질의응답으로 진행된다. 대면평가 완료 후 통과한 팀에 한하여 과제 금액이 차등적으로 결정된다. 이 결정된 지원금으로 협약을 하고 창업 과제를 수행한다.

정부 과제에 선정되는 것은 결코 만만치가 않다. 그러나 창업은 이제부터 시작이다.

핵심 노트

정부 과제
- 정부가 창업 지원을 해주는 프로그램이 있다.
- 과제는 정부에서 일을 만들어서 참여자에게 수익을 창출하게 하는 과정이다.
- 창업 자금을 빌려주는지, 그냥 주는지 '정확히' 모르겠지만 주긴 준다.
- 무엇인지 몰라도 굉장히 복잡한 과정이 있다.

정부과제 공고

정부 과제 공고가 무엇인가요?

시즌season 같은 것입니다.

야구 같은 건가요? 왜 시즌이 있나요? 그리고 그 시즌에 따라 뭐가 다른가요?

정부 과제는 항상 있는 것이 아닙니다. 보통 3~5월 사이에 공고가 납니다. 매년 그 공고 주제들이 달라지곤 합니다.

그럼 공고에 따라 승리할 수 있는 전략이 달라지겠네요?

네, 맞습니다. 매년 정부가 원하는 테마가 달라지니까요. 2014년은 빅 데이터와 클라우드였고, 2015년은 3D 프린터와 드론이었습니다. 2016년은 가상현실VR 과 증강현실AR, 사물인터넷IoT입니다.

 고민중 씨

공고는 어디서 볼 수 있나요?

 우 박사

주로 중소기업청 홈페이지를 참고하면 됩니다. 근데 거기에만 공고가 나는 것은 아닙니다. 그리고 되도록 경쟁이 적은 곳을 찾아야 되니까 다른 정부 기관 공고를 찾아보는 것이 더 좋습니다.

 고민중 씨

대학 입시 때 눈치 작전 같은 건가요? 경쟁이 적은 곳이 더 유리한?

　국가에서 정부 과제를 주는 가장 큰 이유는 '창업'으로 인한 경제 활성화에 있다. 즉, 누군가 창업을 하고 자립을 할 수 있다면 그로 인해 고용이 창출된다. 즉, 혼자 자립을 해도 1인이 취업에 성공하는 것이고, 더 잘 되면 그 이상의 사람들에게 고용의 기회가 발생된다. 이는 굳이 설명할 필요가 없다. 국가가 사기업이 아닌 이상 공공의 목적으로 사업을 추진하는 것은 당연하다. 그러다 보니 더 많은 고용을 활성화 하기 위해서라도 '국가 사업의 흐름'을 과제에 적용해야 한다. 즉, 매년 이슈가 될 만한 사업을 선정하여 국가적으로 밀어주어야 하는 것이다. 이를 위하여 국가 정책 과제에는 시즌이라는 개념이 도입되었다.

CHAPTER 1. 정부 과제는 누구에게나 열려 있다

정부 과제가 1년 내내 있는 것은 아니다. 세부 일정은 매해 다르긴 하지만, 보통 사업 공고는 2~3월 사이에 공개한다. 신청 접수는 대개 3~5월 사이에 집중된다. 2016년에는 4월 총선으로 조기 집행이 이루어지기도 했다. 그 이후 평가 및 선정이 진행된다. 보통 5~7월에 과제를 선정하고 협약한다. 일부 과제는 상반기와 하반기로 나누어 선정하기도 하며 그럴 경우 7~8월부터 신청접수를 받는다.

여기서 처음 정부 과제 공고를 접하는 사람들이 오해할 수 있는 것이 있다. 정부 과제 공고라는 단어 때문에 생기는 오해로 '정부 과제 공고'에서 '정부'는 한곳이 아니라 '정부에 속한 여러 기관'이라는 뜻이다. 이걸 잘못 이해하면 공고를 이해하지 못한 채 한곳에서 찾으려다가 당황할 수 있다. 도대체 어디부터 찾아야 할지 모르기 때문이다. 그럴 때는 인터넷 검색을 통해 찾아보는 것이 현명한 방법이다. 인터넷 검색 포털(필자는 구글을 선호한다)에서 '정부 지원 과제 공고'를 검색해보면 정말 많은 내용들이 검색된다. 이곳에서 과거가 아닌 현재 지원 가능한 과제를 검색하여 찾아보는 것이 좋다.

> **핵심 노트**
>
> **정부 과제**
> - 정부 지원 과제는 공고로 알 수 있다. 일종의 시즌제다.
> - 여러 기관의 공고를 보고 자신에 맞는 과제를 신청해야 한다.
> - 아쉽게도 공고문이 게재되는 시기는 일정하지 않다.
> - 기업마당(www.bizinfo.go.kr), K-Startup(www.k-startup.go.kr)에 들어가 안내되는 공고문을 계속 주시해야 한다.
> - 국어 시험, 영어 시험 따로 있듯 과제 분야가 매년 달라진다.
> - 공고문에 나온 테마에 부합하는 과제를 신청해야 한다.
> - 차기 연도 테마를 미리 알아보려면 한국정보통신기술협회TTA에서 매년 12월에 발간하는 'ICT 표준화 전략맵' 등의 정부 간행물을 참고하면 좋다.

정부 과제의 종류

 고민중 씨

정부 과제에 종류가 있나요? 그냥 신청하면 안 되나요? 무슨 학력고사 같은 건가요? 어떤 종류를 어떻게 골라야 하나요?

 우 박사

자자, 하나씩 얘기할게요. 질문에 대한 답을 하나하나 정리하면 다음과 같습니다.

 고민중 씨

정부 과제에 종류가 있나요?

 우 박사

정부 과제를 통한 창업 지원 방식에는 여러 가지가 있습니다. 자금을 직접 지원해주거나 시설을 임차해줄 수 있습니다. 또 네트워크(인맥)를 형성해주고 인큐베이팅을 해줄 수 있으며 전시회 출품을 도와줄 수도 있지요. 그 종류는 매우 다양합니다.

고민중 씨
그냥 신청하면 안 되나요?

우 박사
단순히 신청서만 작성하는 정부 과제도 있지만, 대부분은 사업 계획서와 여러 가지 첨부 서류를 제출합니다.

고민중 씨
학력고사 같은 건가요?

우 박사
정부 과제는 시험이 아닙니다. 사업에 대한 계획서를 작성하고 그 계획서를 평가 받는 것입니다. 공부 범위가 주어진 시험하고는 성격이 매우 다릅니다.

고민중 씨
어떤 종류를 어떻게 골라야 하나요?

우 박사
이제부터 그 종류를 설명할 겁니다. 다 읽어보시고 본인에게 맞고 본인이 할 만한 정부 과제를 선택해서 도전해보세요.

정부 과제를 통하여 지원금 외에도 시설 공간, 장비, 마케팅, 전시회, 해외 시장 진출 등 다양한 지원을 받을 수 있다. 다음은 정부 과제에서 지원 받을 수 있는 대표적인 내용들을 열거한 것이다.

- 창업 교육 (인큐베이팅)
- 시설 공간 (창업보육센터)

- 사업화 과제 (1년, 출연금)
- TIPS 프로그램 (민간 주도형 투자)
- 판로, 해외 진출
- 행사, 네트워크 (전시회)

창업 교육(인큐베이팅)을 통하여 일정 기간 창업에 대한 기본 지식을 습득할 수 있다. 정부 과제가 민간 사업과 차별화되는 가장 좋은 부분이 바로 창업 교육이다. 일반 학원 같은 곳에서 창업 교육을 받으려면 먼저 무엇부터 들어야 할지 막막할 뿐만 아니라(대개 자신에게 맞는 교육을 찾기 위해 컨설팅도 받아야 한다) 그에 따른 금액도 만만치 않다. 그러나 정부의 창업 교육은 다양한 사람들을 위해 체계적이고 친절한 교육 시스템을 갖추고 운영하고 있다. 시설 공간 역시 창업자에게 큰 도움이 되는 지원 가운데 하나다. 막상 사업을 시작하면 여러 이유로 '사무실'이 필요해진다. 주소지가 불분명한 상태에서는 거래하는 사람들에게 믿음을 주기 힘들뿐더러 법적인 제약도 따르기 때문이다. 이를 정부 과제를 통한 지원으로 해결할 수 있으니 얼마나 좋은가. 또 사업화 과제라는 명목으로 출연금을 받을 수도 있다. 내가 하고자 하는 일에 대한 프로토타입을 정부 지원금으로 할 수 있다. 프로토타입을 만드는 과정에서 사업자는 사업에 대한 감각도 얻을 수 있고 조직 운영에 대한 생각도 정리가 가능하다. 이런 시간을 1년 가까이 보장 받을 수 있는 것이다.

정부 지원 과제에서는 해당 사업의 판로까지 지원 받을 수 있다. 즉 국가가 영업 기회를 줄 수도 있다는 뜻이다.

 **고민중 씨**

복잡한 만큼 정부에서 교육을 시켜주는 프로그램이 있군요!

 **우 박사**

네, 그렇습니다. 많은 자금을 지원해주는, 대신 전문적인 기술을 요하는 과제도 있지만 단순히 사업 계획서 쓰는 방법 등을 무료로 교육시키는 과제도 있지요. 본인 수준에 맞는 정부 과제를 선택하여 차근차근 수행해가다 보면 성공적인 창업에 이를 수 있습니다.

고민중 씨

좋은 프로그램이네요. 막막했던 아까보다는 희망이 생깁니다. 그런데 교육 중에 점심도 주나요?

우 박사

점심뿐인가요! 교육 자료와 간식도 챙겨줍니다. 어떤 과제는 저녁에 간단한 술자리(네트워크 행사)도 제공해주는걸요.

이런 정부의 멋진 지원을 받기 위해서는 정부 과제의 종류를 효율적으로 선택하는 것이 가장 중요하다. 지원 사업에 따라 지원 자격과 내용이 달라질 수 있기 때문이다. 다음은 전라북도생물산업진흥원 2016 하반기 기업 지원 사업 통합 공고(전북생물산업진흥원 공고 제2016-40호) 내용이다.

정리하자면 지원 사업 분야를 크게 '기술 지원'과 '사업화 지원'으로 나눈다. 사업 구분은 특허부터 9개로 구분한다. '주요 사업 내용'은

지원사업 내용

지원 사업	사업 구분	주요 사업 내용	지원 범위
통합패키지 지원		• 통합 패키지 지원사업(지원사업 2종 이상 결합 지원)	총비용의 70% 이내 최대 2,000만 원
기술 지원	특허·인증 지원	• 유망상품에 대한 부가가치를 높일 수 있는 제품 및 시스템 인증지원 • 상표출원, 국내외 특허 출원/등록 등 기업 지식재산권 확보 지원	총비용의 70% 이내 최대 300만 원
	시장조사 및 정보제공	• 국내외 시장분석 정보제공 지원	총비용의 70% 이내 최대 200만 원
	기술·마케팅 컨설팅 지원	• 도내 식품업체 분야별 컨설팅 지원 • 마케팅, 디자인, 기술, 상품기획 등	총비용의 70% 이내 최대 100만 원
사업화 지원	제품 디자인 개발 지원	• 시장 맞춤형 상품기획 제품 상품화를 위한 패키지지원 • 기업 제품홍보를 위한 디자인제작	총비용의 70% 이내 최대 300만 원
	해외 전시회 참가 지원	• 전시회 참가비, 부스운영비, 기본장치, 비품 지원 • 항공비, 체제비 등 간접비는 업체 부담	총비용의 70% 이내 최대 500만 원
	해외 프로모션 지원	• 기업의 해외 판로개척 위한 판촉 행사 지원 • 장소임대료, 판촉행사비 등 지원 • 항ㅇ공비, 체제비 등 간접비는 업체 부담	총비용의 70% 이내 최대 500만 원
	기업 맞춤형 홍보 지원	• 국내외 제품 카탈로그, 온라인 광고 등	총비용의 70% 이내 최대 200만 원
	수출활성화 플랫폼 지원	• 타겟시장 현지 표준 정보제공 • 비즈니스번역 • 제품현지화 라벨링 • 시장테스트	총비용의 70% 이내 최대 300만 원
	해외 바이어 초청 상담회	• 해외 유력 바이어 초청 상담회 • 항공비, 숙박비, 통역비 지원	총비용의 70% 이내 최대 200만 원

• 출처: 전라북도생물산업진흥원(www.jif.re.kr) 공지사항

말 그대로 수행해야 할 사업 내용을 정리한 것이다. 지원 범위는 마치 보물찾기처럼 어떤 것을 수행하면 어떤 보상이 따르는지 정리하듯 해당 사업에 따라 지원하는 내용들을 정리한 것이다. 위에 소개한 표에

는 나와 있지 않지만 홈페이지에 나온 지원 자격은 다음과 같다.

지원 대상

지역 주력 산업 육성 사업 건강 기능식품 분야(신선편의 안전 식품, 발효 식품, 한방 기능성 식품 소재, 뷰티 제품) 관련 품목 및 전후방 산업 품목
- 전북권 소재 건강 기능식품 산업 해외 수출 기업
- 전북권 소재 건강 기능식품 산업 유망 품목 및 전후방 산업군 관련 기업

즉, 정부 지원 과제 종류에 따라 지원 내용과 자격도 달라진다. 따라서 자신에 맞는 지원 과제를 선택하는 것이 성공의 포인트다. 그러므로 정부 지원 과제를 검색(찾기)하는 법과 중요한 포인트를 읽어낼 수 있는 능력이 필요하다.

핵심 노트

정부 과제의 종류
- 정부 지원 과제에 따라 정부 지원이 달라질 수 있다.
- 정부 지원 과제에 따라 지원 자격이 달라질 수 있다.
- 정부 지원 과제를 잘 선택하는 것이 성공의 지름길이다.
- 정부 지원 과제를 통한 과정 중 '창업 교육'은 반드시 수료하기를 추천한다.

창업 정부 과제 찾기

 고민중 씨

좋은 프로그램이 있다는 것은 기쁘고 고마운 일이네요. 하지만 나에게 맞을지 안 맞을지 도무지 판단이 안 됩니다. 이런 것도 가르쳐주는 학원은 없을까요? 나에게 어떤 과제가 맞는지 어떤 기준으로 선택해야 할까요?

 우 박사

자신에게 맞는 과제란 곧 내가 선정될 확률이 높은 과제입니다.

 고민중 씨

예? 그걸 내가 어떻게 아나요? 그런 것을 알려주는 학원은 없을까요?

 우 박사

있습니다. 먼저 전국에 17개의 창조경제혁신센터가 있고 정부 부처별로 각종 진흥원이 수십 개가 있지요. 또한 중소기업을 위한 중소기업청도 있고, 많은 대학교에서도 산학협력단을 운영하고 있습니다. 그 밖에도 다양한 지원 기관과 민

간 단체(현대아산재단, 삼성멀티캠퍼스, 구글캠퍼스 등)들이 있지요.

잠깐만요. 그럼 거기 가면 나한테 맞는 창업이 뭔지 알려주는 강좌가 있다는 뜻인가요?

물론입니다.

정부 과제는 누구에게나 공개된 자료다. 많이 알려진 과제일수록 경쟁이 치열하다. 그러므로 일반적이고 널리 알려진 과제보다는 자신에게 맞는 과제를 선택해 집중해야 한다. 서면평가와 대면평가는 결코 만만하지 않다. 전국 약 19,000여 명의 평가위원들은 기술은 잘 모를지언정 그 사업이 준비가 잘 되어 있는 사업인지, 성공 가능성이 얼마나 되는지, 지원자 자질이 어떤지 정도는 충분히 파악할 만큼 수많은 경험을 갖춘 평가 전문가들이다.

정부 과제는 주관 기관에 따라 사업 종류와 지원 대상이 제한되기도 한다. 이런 과제의 경쟁률이 보통 낮은 편이다. 미래창조과학부, 노동부, 산업자원부, 중소기업청 등에서 정부 과제를 많이 진행한다. 미래부와 산업자원부 과제는 창업 과제보다는 금액이 큰 R&D 과제가 많은 편이다. 노동부와 중소기업청 과제에 창업과 관련된 과제가 많은 편이다. 중소기업청 과제는 경쟁이 치열한 만큼 창업 및 고용과 연계된 노동부 과제에 관심을 가질 만하다. 또 미래창조과학부 산하 진흥원 등에서도 많은 창업 과제가 있다. 전국 17개의 창조경제혁신센터를 활용하는 것도 좋은 방법이다. 2016년 창업 등과 관련된 많은 부분이 창조경제혁신센터로 일원화됐다. 이것저것 알아보기 힘들다면 가장 가까운 창조경제혁신센터를 방문하여 상담을 해보기 바란다. 창업 과제를 신청할 때는 경쟁이 치열한 서울이나 경기도보다는 지방을 선택하는 것도 한 가지 전략이 될 수 있다.

그러나 가장 현실적인 방법은 검색을 통해 먼저 찾아보는 것이다. 독자가 오랫동안 직장 생활을 했고 다양한 인맥을 형성했다면 '일반 사업가'나 '전문가(기술자)' 조언은 이용할 수 있다. 그러나 유독 '정부 과제'에 대한 지식은 찾기 힘든 것이 현실이다. 또 찾았다고 해도 알아듣기 힘든 용어로 설명되어 있는 경우가 많은데, 문제는 어디 가서 따로 공부하기도 힘든 용어라는 점이다. 그래서 과연 '나에게 알맞은 경쟁력'이 있는지 없는지 쉽게 알아볼 수가 없다. 결국 본능적인 방법을 사용해야 한다.

- 먼저 정부 지원 창업으로 인터넷 검색을 한 후 검색을 된 사이트를 돌아다니며 '이해할 수 있는 사이트' 목록을 만든다.
- 목록화한 사이트에서 자신 있게 말할 수 있는 내용이 가장 많은 과제를 선택한다.

예를 들어 독자가 '엔지니어나 연구원' 출신이라면 다음과 같은 창업 성장기술 개발 사업을 찾아볼 수 있다. 그곳에 들어가면 다른 사이트보다 쉽게 이해할 수 있을 것이다.

창업성장기술 개발사업

최종수정일: 2016.12.31   소관기관: 중소기업기술정보진흥원

○ 창업과제: 성장 잠재력은 우수하지만 사업화 능력 및 경험이 부족한 창업기업 기술 개발 지원 투자 연계 멘토링 과제: 창업기업에 투자와 멘토링이 연계된 기술개발을 지원함으로써 R&D 과제의 사업화 성공률을 제고하고, 창업기업의 지속적인 성장 촉진 및 일자리 창출 ○ 1인 창조 기업 과제: 신기술·신제품 개발이 가능한 아이디어 및 기술을 보유한 1인 창조 기업의 기술 개발을 지원 ○ 여성 전용 과제: 여성 기업 및 경력단절 여성 고용기업의 기술 개발 지원 ○ 이공계 창업 꿈나무 과제: 이공계 대학생의 창의적 아이디어 구현을 위한 R&D 지원을 통해 지속성장 가능한 기술 기반 창업기업 육성 ○ 민간투자주도형 기술창업지원(TIPS) 과제: 성공벤처인, 기술대기업 등의 엔젤투자社를 통해 선별된 유망 창업팀에 투자, 보육, 멘토링이 연계된 R&D를 지원함으로써 기술창업 성공률 제고

어떤 내용인지 궁금하시죠?

지원형태	현금/현물
지원내용	○ 창업과제: 총 사업비의 90% 이내에서 최대 1년, 2억원까지 지원
	○ 투자 연계 멘토링 과제: 총사업비의 90% 이내에서 최대 1년, 2억원까지 지원
	○ 1인 창조 기업 과제: 총 사업비의 90% 이내에서 최대 1년, 1억원까지 지원 - 주관기관 단독 수행: 최대 5천만 원

· 출처: http://www.korea.go.kr/service/serviceInfo/B55210400014

핵심 노트

정부 과제 찾기

- 지원 자격이 나에게 맞는 것을 골라야 한다.
- 경쟁이 덜 치열한 것을 골라야 한다.
- 자신이 이해할 수 있는 과제를 골라야 한다.
- 중소기업청 과제는 특히 치열하다.
- 창조경제혁신센터를 이용하는 방법도 좋은 방법이다.

CHAPTER 2

퀵 스타트
(Quick Start)

우리나라 영어교육이 비효율 기준으로 세계 상위권에 든다고 한다. 이유는 여러 가지겠지만, '경험'을 무시한 '암기' 위주의 교육이 문제라는 점에 모두가 수긍할 것이다.

비단 영어뿐만이 아니다. 우리나라 교육 전반이 '경험'을 무시한 채 '암기를 기반으로 한 논리'에서 자유롭지 못하다. 문제는 이런 교육에 평생 찌들어 있던 우리라 '창업'조차 '공부'처럼 하려고 한다는 문제가 있다. 그러나 구슬이 서 말이라도 꿰어야 보배이듯, 시작하지 않으면 배운 것은 아무 소용 없다. 일단 아는 것을 최소화하면서 시작해보는 것이 좋다. 그런 면에서 권장하고픈 것이 퀵 스타트Quick Start다. 퀵 스타트를 하면서 내게 돌아오는 충격이 덜한 '작은 실패'를 목표로 오답 노트를 만들어보는 것도 창업을 이해하는 데 많은 도움이 된다. 그 '작은 실패'를 더 작게 만들어주는 것이 정부 지원 과제라고 믿으면서 말이다.

일반적으로 정부 지원 과제는 ① 창업, ② 개발(R/D), ③ 사업으로 분류해볼 수 있다. 그러나 우리는 퀵 스타트에서 창업의 내용만 다룰 것이다. 정부 지원 과제 중에 창업 부분이 가장 쉽다. 다른 과제에 비해 웬만하면 합격을 시켜주고자 정부가 노력하는 과제도 바로 이 창업 과제이다. 일단 창업 과제를 목표로 과제가 성사되는 과정을 정리하면 일반 회사 입사 과정처럼 ① 서류 지원을 거쳐 ② 면접을 진행하는 방식이다.

여기서 우리가 생각해봐야 할 것이 있다. 서류와 면접, 모두 결국 평가에 합격하는 것이 목적이다. 그럼 평가 주체인 '정부 기관'은 어떤 기준으로 평가할지를 생각해야 한다. 간단하게 핵심만 이야기하자면 정부는 과제를 통해 '새로운 사업을 통한 고용 창출'이 일어나기를 바란다. 그런 점에서 새로운 아이템은 고용을 창출하는 요건을 포함하도록 해야 한다. 이를 처음부터 염두에 두고 준비해야 한다.

서면평가가 먼저다

정부 지원 과제의 첫걸음은 서면평가다. 즉, 이력서를 넣고 회사에서 검토 후에 면접을 진행하는 원리와 같다. 너무 당연한 얘기 같겠지만 처음 정부 지원 과제를 신청할 때는 대개 서면평가부터 헤매기 마련이다.

여기서는 정부에 서면평가를 신청하기 위해서 무엇을 해야 하는지 순서대로 차근차근 알아보기로 한다. 먼저 시나리오를 만들어야 한다. 내가 누군지부터 결정하고 그때그때 필요한 내용과 결정 사항을 정리해야 한다. 정리를 해놓아야 나중에 무엇을 선택할지 직감으로 알 수 있다.

무엇부터 할 것인가

고민중 씨는 소프트웨어 개발자 출신으로 40대 후반 직장인이다.

나름 화려한 경력을 쌓고 인맥도 넓혔지만 직장이라는 틀 안에서 온실 속 화초처럼 살아왔다. 그러나 명예퇴직을 강요 받기 시작한 뒤로 지난 몇 달 동안 앞으로 어떻게 먹고 살지 암담하기만 했다. 결국 창업을 결심하고 정부 지원금을 알아보려는 참이다.

그는 먼저 '내가 잘하는 것을 해야 사업을 잘할 수 있다'고 믿고, 이를 기본으로 자신이 새롭게 할 수 있는 사업을 찾아보기로 했다. 그리고 두 가지 생각에 이른다.

첫째, 사회 분위기가 소프트웨어 사업을 하기에는 우호적이지 않다. 둘째, 오늘날 사회에서 돈을 벌 방법은 배달 앱 같은 O2O이다.

결국 고민중 씨는 O2O 관련 앱 서비스(유아식 배달 앱 서비스)를 하기로 결심하고 평소 창업에 해박한 우 박사에게 컨설팅을 의뢰했다.

고민중 씨

제가 O2O 형식의 사업을 하려고 합니다. 아이 엄마를 대상으로 유아식을 배달하는 앱 서비스를 하려는데 '개발비' 정도를 국가에서 지원 받을 수 있을까요?

우 박사

정부 창업 과제와 R&D 과제 등을 통해 개발비를 지원 받을 수 있습니다. 뿐만 아니라 시제품 제작, 마케팅, 전시, 해외 진출 등 다양한 사업 지원 과제와 그에 따른 프로그램이 있습니다. 창업보육센터와 창조경제혁신센터 등을 활용하면 사업장까지 무상 혹은 저렴하게 이용할 수 있습니다.

정리해서 말하면 고민중 씨는 O2O로 지원을 받을 수 있다. 심지어 개발비 이외의 다른 자금도 지원 받을 수 있다. 그리고 창업보육센터의 지원을 받는다면 저렴한 가격으로 사무실 임대까지 가능하다.

무엇을 배울 것인가

고민중 씨는 우 박사에게 컨설팅을 받으며 ① 사무실 임대와 ② 개발비를 비롯한 기타 비용 지원이 가능하다는 말을 듣고 창업을 결심한다. 그리고 구체적으로 알아야겠다는 필요성을 느끼고 무엇을 알아야 할지 정리하기 시작한다.

고민중 씨

일단 창업을 해야 할 것 같습니다. 그런데 정부가 지원을 해준다고 하지만 그냥 무턱대고 지원해주는 건 아니겠죠. 기본 자격 같은 것이 있겠죠?

우 박사

정부 지원을 받기 위해서는 서면평가와 대면평가, 즉 면접을 거쳐야 합니다. 기본 자격이라기보다는 제한이 있을 수는 있습니다. 예를 들어 신용불량자나 기존 정부 과제에서 법적인 하자가 있었던 사람은 불가능하지요. 일반인은 대부분 가능하다고 생각하시면 됩니다.

정리하면 먼저 신용평가 기관에서 경제적인 문제가 발견되지 않으면 기본적인 자격을 갖춘 셈이다. 기타 법적인 문제(정치, 교통법규)가 직접적으로 지원 자격에 영향을 미치지는 않는다. 자격을 갖춘 다음에는 서면평가와 대면평가가 있다.

어디를 갈 것인가

고민중 씨는 창업 지원 신청을 하기로 마음 먹었지만 어디에 신청해야 하는지를 몰랐다.

 고민중 씨

창업을 하겠다는 구체적인 결심이 선 것 같습니다. 그런데 어디서 시작해야 할지 모르겠어요. 이런 건 먼저 어디 가서 물어봐야 할까요?

 우 박사

가장 대표적으로 전국 17개 지역에 위치한 창조경제혁신센터가 있습니다. 중소기업청과 각 정부 산하 기관의 진흥원, 각 기관과 대학교 창업보육센터 등이 있습니다.

 고민중 씨

그런 거 말고 더 정확하게 이야기해주실 수 없나요? 그냥 있다고만 말하면 찾아가기도 힘들어요. 가기 전에 전화로 신청하고 찾아가야 하는지 아니면 인터넷으로 접수 신청을 하고 찾아가야 하는지 구체적으로 가르쳐주세요.

 우 박사

인터넷에서 가장 많은 정보를 찾을 수 있는 대표적인 사이트로는 케이 스타트업K-startup(www.k-startup.go.kr)이 있습니다.

 고민중 씨

그럼 생각하기에 편한(?) 기관에 인터넷 접수를 하는 것부터가 시작이겠군요!

정리하면 먼저 나와 가장 가까운 기관의 지원 시스템을 찾아본다.

그리고 ① 기관 홈페이지에서 지원 프로그램을 검색해보고 적절한 것을 찾아 ② 신청한다.

정부 기관과 가깝지 않다면 모교나 거주지에서 가까운 학교의 '창업보육센터'에 지원하는 것도 방법이다.

누구를 알아야 할 것인가

고민중 씨는 창조경제혁신센터를 통하여 창업 프로그램을 지원해보고자 한다. 그런데 인터넷으로 본 내용만으로는 지원하기가 쉽지 않다. 내용을 몰라서라기보다는 '사업은 사람과의 관계'라 아는 사람이 없는 곳에서 사업을 시작하는 것에 대한 '두려움'이 있기 때문이다.

창업을 모르는 사람과 함께하기는 힘들 것 같습니다. 혹시 창조경제혁신센터에 아는 사람이 있어야 하는 건 아닐까요? 그리고 도움을 받는다면 구체적으로 '어떤 도움'을 받을 수 있을까요?

그쪽 사람들을 아실 필요는 없습니다. 아셔야 할 사람들은 세무사나 회계사, 변리사, 법무사, 변호사, 노무사 들입니다. 그 분야 전문가들에게 창업 및 사업을 하는 데 많은 도움을 받을 수 있습니다.

그럼 그런 사람들한테 창업 지원금을 받고 싶은데 어떻게 해야 하냐고 물어봐야 하나요? 언뜻 이해가 잘 안 갑니다. 지금 저에게 필요한 건 창업 지원과 관련한 '멘토' 같은 트레이너가 아닐까 싶습니다.

 우 박사

물론 멘토 같은 사람들은 지원 프로그램에서 제공됩니다. 그러나 자신이 알아서 해야 할 부분인 자금이나 법적인 문제는 지원 프로그램 이외의 전문가들에게 자문을 구하셔야 합니다.

정리하면 수행 기관에서 창업에 필요한 사람들을 알아서 연결해주니 걱정할 필요는 없다. 단, 사업에 가장 기본인 ① 법과 ② 자금에 관련된 인력인 세무회계사와 변호사 정도는 반드시 스스로 확보하고 진행하는 것이 좋다. 그들과의 관계가 언제나 '수임' 관계일 필요는 없다. 컨설팅 비용 정도로 관계를 유지하는 것이 일반적이다.

어떻게 써야 하는가

고민중 씨는 정부 지원으로 창업하는 데 어떤 것이 필요하고 어떤 곳으로 신청해야 하는지, 그리고 어떤 사람들이 필요한지도 알았다. 다음은 어떻게 제출에 필요한 서류를 써야 하는지 알아볼 차례다.

 고민중 씨

인터넷으로 신청하려는데, 문서 규격 같은 게 조금 생소합니다. 이런 문서를 쓰는 데 참고할 만한 책이나 사이트 같은 것이 있을까요?

 우 박사

사업 계획서는 큰 목차를 제외하고는 기본적으로 자유 양식입니다. 그러나 정부 과제용 문법이나 쓰는 방식이 존재하지요. 자세하게 설명이 되어 있는 책은 서점에도 많고 인터넷에도 많습니다.

그럼 그 책들을 사서 보면 될까요?

네, 서점에 가서서 '정부 창업 지원'과 관련된 책들을 찾아보시면 어렵지 않게 찾을 수 있습니다.

정리하면 서점과 인터넷에서 '정부 창업 지원'이라는 키워드로 검색하여 참고 자료를 확보한다. 그러나 역시 가장 확실한 방법은 정부 창업 지원을 받아본 경험이 있는 사람에게 문서 작성에 문제가 없는지 검토를 요청하는 것이다.

어떻게 등록할 것인가

고민중 씨는 창업 지원 등록을 앞두고 있다. 그런데 요구하는 문서가 간단해서 왠지 뭔가 잘못된 것 같은 기분이 든다. 서면평가만이라도 무사히 통과하기 위해서는 첨부 문서가 더 필요한 것은 아닐까 불안해진다.

그럼 이제 지원서와 사업 계획서만 등록하면 되는 걸까요?

우 박사

네, 서면평가를 위한 기본적인 서류들은 그렇다고 할 수 있지요.

 고민중 씨

그럼 기본 서류 말고 추가 서류들도 있다는 뜻인가요?

 우 박사

대부분 서면평가에는 가산점 제도가 있습니다. 사업을 위한 준비가 얼마나 되었는지 평가하기 위하여 자격증, 인증서, 특허증, 수료증 등이 가산점 대상이 됩니다.

핵심 노트

서면평가
- 하고자 하는 일에 돈이 얼마나 들어가는지 대략 고민해본다.
- 필요한 사업을 찾고 해당하는 자격을 알아본다.
- 신청 기관을 인터넷으로 검색해본다.
- 서류 신청에 필요한 사람이 누군지 알아본다.
- 신청서 작성법을 알아본다.
- 신청서 등록에 필요한 것들을 알아본다.

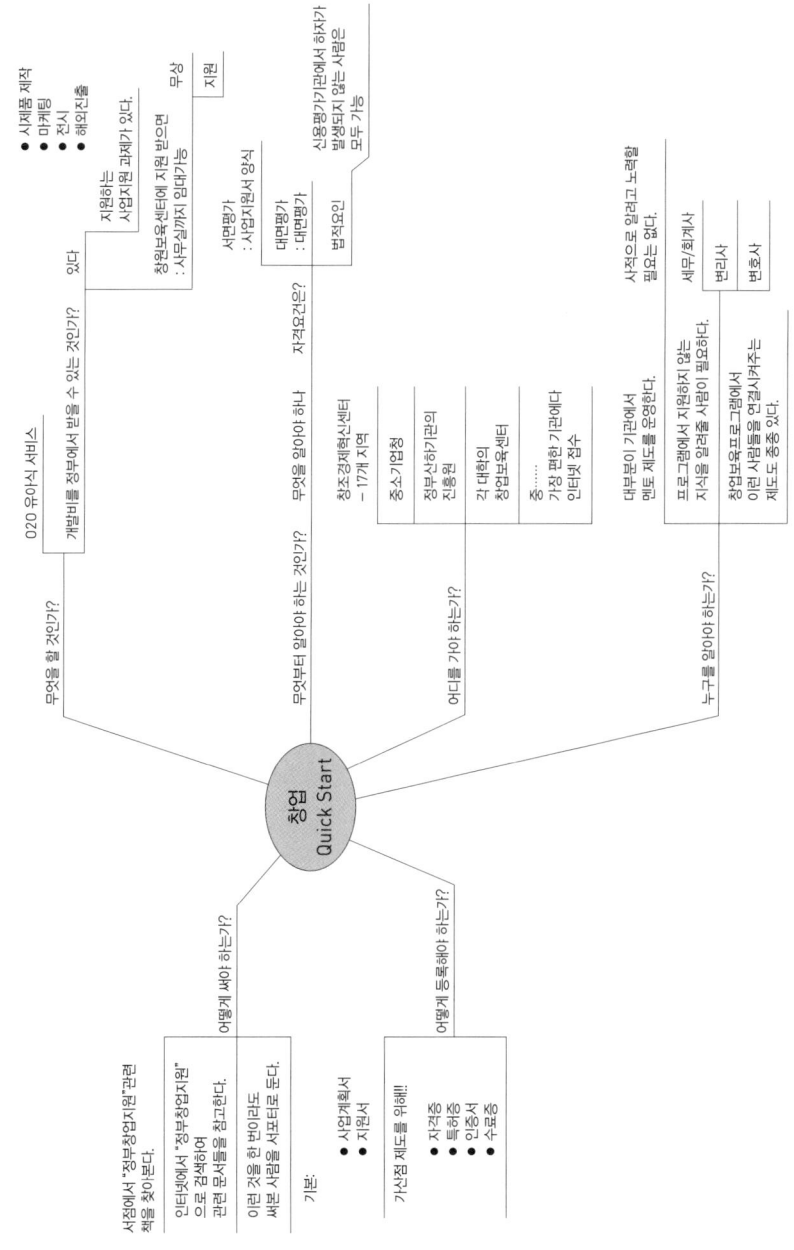

CHAPTER 2. 퀵 스타트(Quick Start)

대면평가까지 가보자

이제 대면평가를 준비해야 한다. 아직 와 닿지도 않은 단어인 대면평가를 준비하다니 부담이 될 수도 있다. 그러나 알고 보면 간단하다. "내가 ○○에 이력서를 넣었더니 면접 한번 보자"는 뜻이다. 즉, 대면평가는 "얼굴 한번 보자"는 것이다. 보통 서면평가 발표 후 2주 내에 대면평가를 진행한다. 서면평가가 통과되었다는 통보를 받으면 대면평가 일정이 따로 공지되지 않았더라도 바로 준비를 시작하는 것이 좋다.

무엇부터 준비해야 하는가

평가관 앞에서 발표할 '발표 자료'를 만들어야 한다. 반드시 사업계획서를 기반으로 작성해야 한다. 생각해보면 이해가 쉽다. 입사지원서에 적은 내용과 면접 내용이 다르면 취업이 될 리 없는 것과 마찬가지다. 그러므로 반드시 지켜야 한다.

고민중 씨는 사업 계획서 서면평가가 통과되었다는 통보를 받았다. 그런데 이제 무엇을 해야 할지 막막하다. 결국 고민중 씨는 서면평가 이후 무엇을 해야 하는지 우 박사에게 컨설팅을 의뢰했다.

고민중 씨

다행히 서면평가에 통과했습니다. 그런데 이제는 또 무엇부터 해야 할지 막막하네요.

우 박사

먼저 서면평가에 통과하신 것을 축하 드립니다. 그럼 바로 대면평가를 준비하시면 되겠네요.

고민중 씨

바로요?

우 박사

대면평가 날짜가 공지되지 않았더라도 대개 서면평가 발표 후 2주 이내에 이뤄집니다. 시간이 많지 않으니 바로 준비를 해야 합니다. 보통 1주일 전쯤 연락을 주거나 심지어 며칠 전에 대면평가 일정을 알려주기도 하니까요.

고민중 씨

만약 대면평가일로 정해진 날짜에 다른 일정이 생겨 겹치면 어떡하나요?

우 박사

팀 구성원 중 다른 사람이 대신 발표해도 됩니다.

고민중 씨

대신 발표할 사람이 없으면요?

우 박사

서면평가 통과를 통보해준 담당자에게 연락해서 대략적인 대면평가 일정을 문의해두면 좋습니다. 만약 불가한 날짜가 있다면 일정 변경을 부탁하는 것이 좋습니다. 그렇지만 평가위원 일정상 변경이 불가할 수도 있습니다.

정리하면 다음과 같다.

① 서면평가 통과가 발표되면 바로 대면평가를 준비하는 것이 좋다.
② 서면평가 통과 발표 후 2주 이내 일정이 잡힌다(며칠 전에 평가 일정이 확정되기도 한다).
③ 대면평가는 화, 수, 목요일에 주로 이뤄진다.
④ 시간 변경은 가능하나, 날짜 변경은 어렵다.
⑤ 보통 3명 정도가 발표장에 출입할 수 있으며 신분증과 명함 등을 검사한다.

담당자에게 전화를 걸어 대략적인 평가 일정을 문의하면 알려준다. 혹, 대면평가에 참석하기 어려운 날짜가 있으면 사전에 알려주는 것이 좋다.

얼마나 준비해야 하는가

고민중 씨

제가 회사생활을 오래 한 덕분에 프레젠테이션(PT)의 중요성은 잘 알고 있습니다. 가장 중요한 것이 분량이라는 점도 당연히 알고 있지요. 그래도 발표에 필요한 시간과 포인트가 있을 것 같은데요. 발표 자료는 얼마나 준비하는 것이 좋을까요?

우 박사

보통 15~20분 정도에 걸쳐 발표가 진행됩니다. 1분당 1페이지 정도가 적당한 분량이 되겠네요.

정리하면 다음과 같다.

① 듣고 있는 평가의원의 입장을 충분히 고려해서 짜야 한다.
② 되도록 핵심만 간추려 말한다.
③ 지루하지 않게 15분 안팎으로 발표한다.

평가위원은 어떤 사람들인가

고민중 씨는 프레젠테이션으로 이름을 날렸던 사람이다. 그래서 듣는 사람(듣는 사람의 성향)이 중요하다는 것을 누구보다 잘 알고 있다. 누구를 대상으로 발표하느냐에 따라 자료를 달리 만들어 관리하기도 했다.

고민중 씨

평가위원들이 내 사업에 대해서 잘 이해하지 못할 것 같아서 걱정입니다. 평가위원은 어떤 분들이 주로 오시나요?

우 박사

보통은 기술 전문가(교수, 기술자), 투자 전문가, 마케팅 전문가, 세무·회계 전문가, 변리사 등이 평가위원으로 참석합니다.

고민중 씨

그렇게 다양한 분야의 사람들이 참석하나요? 그럼 누구를 대상으로 발표를 준비하는 것이 좋을까요?

우 박사

각각의 전문가들이 전체적으로 평가를 하지만, 자기 분야는 더 중점적으로 평가를 하게 마련입니다. 어떤 특정 평가위원을 대상으로 하시기보다는 모두가 공감할 수 있는 객관적인 내용을 기반으로 발표하시면 됩니다.

고민중 씨

보통 평가위원은 몇 명이나 들어오시나요?

우 박사

1명의 평가위원장과 다수의 평가위원으로 구성됩니다. 대개 기술 전문가가 평가위원장이 되며, 6~10명 정도로 구성됩니다.

정리하면 다음과 같다.

① 평가의원을 감동시키려고 해서는 안 된다.
② 객관적인 내용을 잘 설명하는 데 주력해야 한다.

어떻게 입고 가야 하는가

인류의 모든 일은 결국 사람과 사람이 함께하는 일이다. 고민중 씨도 이를 하나의 철학으로 여기고 지인들에게 역설하는 사람이다. 그렇기에 첫 만남을 상당히 중요하게 여긴다. 특히 첫인상은 굉장히 중요하다. 상대에 따라 첫인상을 좌우하는 복장과 대화법도 달라져야 한다고 믿는다.

고민중 씨
그러면 평가 때 어떤 차림으로 가는 것이 좋을까요? 복장이 정해져 있거나 제한이 있는지 궁금합니다.

우 박사
복장 제한은 없습니다. 자유 복장이긴 하지만 대부분 정장 차림으로 참여합니다.

고민중 씨
평소 내 스타일처럼 '그런지룩'으로 가도 될까요? 헷.

우 박사
음, 개성 있는 것도 좋겠지만 발표 자료가 아닌 발표자에게 너무 많은 시선이 가는 것은 바람직하지 않다고 생각합니다.

정리하면 평가위원과 발표자가 만나는 장소가 어디인지 생각하기를 바란다. 대한민국 공무원 사회라는 점을 잊지 말자.

① 복장 형식은 자유다.

② 결국 평가위원의 편견도 자유다.

어떻게 말해야 하는가

말은 그 사람을 보여주는 하나의 증거이다. 직장생활을 십 수년 동안 하면서 일을 제대로 했는데도 말을 '함부로' 해서 주위 사람들에게 평가절하를 당하는 동료를 많이 봐온 고민중 씨다. 상대에 따라 해야 할 말과 하지 말아야 할 말을 아는 것이 사회생활의 기본이라는 것을 누구보다 잘 알고 있다.

 고민중 씨
대면평가를 받을 때 말은 어떻게 해야 할지 고민입니다.

 우 박사
편안하게 하시면 됩니다. 마이크도 준비되어 있으니 너무 크게 말하지 않으셔도 되고요.

 고민중 씨
그래도 뭔가 아나운서처럼 말해야 하는 거 아닐까요?

 우 박사
아닙니다. 발표자 대부분이 아나운서 같은 발표 전문가가 아니란 것을 평가위원들도 잘 알고 있으니까요. 그러니 편히 발표하시면 됩니다.

 고민중 씨
그래도 너무 긴장됩니다. 차라리 저를 대신할 발표 전문가를 섭외하면 어떨까요?

우 박사

그건 추천하고 싶지 않습니다. 예전에는 그런 일이 종종 있었다고 알고 있습니다. 하지만 요즘은 평가위원들도 발표 전문가인지 아닌지 바로 알아차립니다. 그럴 경우 오히려 역효과를 낼 수 있지요.

정리하면 본인의 능력을 넘어가지 않는 범위 안에서 최대한 예의 바르게 자신의 생각을 말하는 것이 좋다.

발표 자료는 어떤 소프트웨어를 이용하는가

프레젠테이션을 할 때마다 종종 겪는 것이 열악한 발표장 상황이다. 그때마다 난감해하며 프레젠테이션을 지연시키면 청중의 신뢰가 깨지는 것을 많이 경험해본 고민중 씨다. 그런 실수가 다시는 없으려면 무엇이 필요한지 정리해보기로 했다.

고민중 씨

발표 자료는 어떤 소프트웨어를 써서 만들면 좋을까요?

우 박사

정부 과제 대면평가에서는 주로 마이크로소프트 사의 '파워포인트'Powerpoint를 사용합니다.

고민중 씨

요즘 다양한 툴들이 많은 것 같은데, 그런 걸 사용하면 안 되나요?

우 박사

우선 인터넷은 사용할 수 없습니다. 따라서 인터넷을 기반으로 하는 프로그램은 사용할 수 없겠지요. 또 자신의 컴퓨터를 사용할 수 없으므로 프로그램 설치도 불가능합니다. 그러니 마음에 들지 않더라도 파워포인트를 쓰는 것이 좋습니다.

그렇군요. 그리고, 발표 시간 말인데요. 정해진 시간을 딱 맞춰야 하나요?

빨리 끝내는 것은 괜찮지만 절대로 초과해서는 안 됩니다. 초 시계로 주어진 시간을 설정하여 알람이 울리면 바로 발표가 중지되거든요.

그럼 아예 빨리 끝내는 것이 낫겠네요!

그렇다고 너무 빨리 끝내면 성의 없어 보일 수도 있습니다. 대략 주어진 시간에서 30초에서 1분 정도 먼저 끝내도록 준비하는 것이 좋습니다. 그래야 예기치 않은 상황에 대비할 수 있고요.

정리하면 다음과 같다.

① 인터넷이 지원되지 않는 경우가 많다.
② 윈도우 환경에 파워포인트 2010 이하의 구 버전이 설치되어 있다.
③ 본인의 컴퓨터로는 발표할 수 없다.

질의응답은 어떻게 준비하는가

인상 깊은 프레젠테이션은 청중과 대화하는 것이다. 즉, 프레젠테이션을 하는 사람의 의도를 청중의 입에서 나오게 하는 것이 성공한 프레젠테이션임을 고민중 씨는 다양한 경험을 통해 알고 있다.

 고민중 씨

프레젠테이션을 할 때는 어떤 대화를 유도해야 하는지 전략도 매우 중요하다고 알고 있습니다. 그래서 말인데 발표가 끝나고 질의응답 시간이 있겠죠?

 우 박사

네, 보통 발표 시간에 상응하는 질의응답 시간이 주어집니다.

 고민중 씨

평가위원들이 무슨 질문을 할지 예측할 수 있을까요? 또 답변은 어떻게 준비하면 좋을까요?

 우 박사

본 사업 계획서와 관련 없는 다양한 사람들에게 먼저 발표를 해보고, 그들에게 질문을 받아보면 도움이 될 겁니다.

고민중 씨

그러면 답변은 어떤 식으로 해야 할까요? 말로만 답하면 될까요?

우 박사

네, 말로 답변하시면 됩니다. 그러나 발표 자료나 사업 계획서 자료에 나와 있는 내용은 해당 페이지를 참조하여 답변하시는 것이 좋습니다. 말로만 하면 평가위원들이 충분히 이해하지 못할 수도 있습니다. 그러니 예상 질문에 대한 참조 페이지 번호를 외워두거나 메모해두면 준비성이 좋아 보일 수 있습니다.

정리하면 다음과 같다.

① 짧게 답변하고 정확하게 인용하여 이야기하는 것이 좋다.
② 대부분 발표자의 사업 의지보다는 자료의 객관성을 묻는다.

꼭 해야 할 것은 무엇인가

프레젠테이션은 짧은 시간에 최대한 집중해서 해야 한다. 머리를 쓰기보다는 몸에 밴 자연스러운 태도를 보여주는 시간이다. 결국 해야 할 것과 하지 말아야 할 것을 미리 정리하고 점검해야 한다.

대면평가에서 빠트리지 말고 꼭 해야 할 행동이 있다면 어떤 것이 있는지 조언 부탁드립니다.

먼저 들어가면 인사를 크게 하세요. 이때 허리는 45도 이상 굽히고요. 질의응답까지 모두 끝나고 퇴장할 때도 열심히 하겠다는 인사를 크게 하시길 바랍니다.

아니 무슨 조폭도 아니고 그렇게 과장된 인사를 왜 해야 하죠? 오히려 우스워 보이지 않을까요?

걱정 마세요. 평가 항목 중에 열정과 관련된 부분이 있어서 드리는 조언입니다. 발표자의 열정을 평가위원들이 그 자리에서 어떻게 알 수 있겠습니까?

고민중 씨

음, 듣고 보니 그렇네요. 아, 혹시 발표 자료 만들 때 신경 써야 할 부분이 있다면요?

우 박사

자료 출처를 명확히 하세요. 당연한 것이지만 많은 발표자들이 간과하는 부분입니다. 발표 자료에서 준비성이 안 느껴지면 이는 바로 감점 대상이 됩니다. 심지어는 발표 자료의 신빙성을 의심 받기도 하지요.

고민중 씨

그렇군요. 그럼 자료를 살필 때 가장 주의 깊게 봐야 할 부분이 있을까요?

우 박사

무엇보다 숫자가 정확해야 합니다. 세무/회계 전문가는 숫자만 봅니다. 덧셈, 곱셈 등이 잘못되어 있다면 이 정부 과제는 떨어졌다고 생각하셔도 됩니다.

고민중 씨

아니 다른 건 안 보고 숫자만 보나요? 숫자 조금 틀렸다고 떨어진다니 말도 안 됩니다!

우 박사

네, 떨어집니다. 그건 곧 준비성이 부족하고 꼼꼼하지 못하다는 의미니깐요. 그런 사람이 어떻게 사업을 잘할 수 있겠습니까?

정리하면 다음과 같다.

① 입장과 퇴장 시 예의 바르게 인사한다.
② 자료는 정확한지 확인 또 확인하고 출처를 명확히 한다.

절대 하지 말아야 할 것은 무엇인가

누구나 습관이 있다 그 습관이 처음 보는 사람들 앞에서 드러났을 때 대부분 악영향을 미치게 마련이다. 특히 사무적인 태도가 몸에 배지 않은 사람들이라면 더 주의해야 한다. 프레젠테이션을 잘하기 위해서는 자신의 나쁜 습관을 먼저 파악하고 그 습관이 발표 중에 무심결에 드러나지 않도록 의도적으로 노력하는 것도 필요하다. 발표자를 보고 있는 청중이 무엇을 무례하게 또는 불쾌하게 느끼는지를 파악하고 이를 '금칙어' 등으로 지정하여 프레젠테이션 연습을 하는 것도 좋은 방법이다.

 고민중 씨

그럼 반대로 대면평가에서 절대로 하면 안 되는 언동이 있을까요?

 우 박사

물론입니다. 간혹 평가위원의 지적에 발끈하시는 분이 있는데 그러시면 안 됩니다. 평가위원과 절대로 싸우시면 안 되요. 평가위원의 말은 전부 옳다고 생각하세요.

 고민중 씨

그렇군요. 발표 자료 만들 때도 이것만은 하지 마라 하는 게 있다면 가르쳐주세요.

우 박사

동영상과 사운드 효과 등은 사용하지 않는 편이 좋습니다. 과도한 애니메이션 효과도 자제하시고요. 애니메이션 효과는 페이지 전환 정도로만 사용하세요.

고민중 씨

아니 왜요? 이왕 하는 거, 내가 아는 다양한 기술들을 총동원해서 작성하면 좋지 않을까요?

우 박사

평가위원은 발표를 제대로 보지 않습니다.

고민중 씨

네? 그건 또 무슨 말이죠? 대면평가를 하는데 발표자의 발표를 보지 않는다니요!

우 박사

정확히 말하면, 눈은 서류(사업 계획서, 발표 자료 등)를 보고 있고 귀만 발표자의 말을 듣고 있으니까요. 그러니 동영상이나 사운드 효과는 오히려 방해만 됩니다. 애니메이션 효과도 종이로 인쇄했을 때 자료가 겹치지 않게끔 최소한으로만 활용해야 합니다. 자료에 애니메이션 효과를 썼다고 점수를 더 주지 않습니다. 오히려 평가위원의 심기만 건드릴 수도 있습니다.

고민중 씨

아니 그럼 왜 굳이 파워포인트를 사용하나요? 그냥 워드 같은 소프트웨어를 써도 되잖아요.

우 박사

이 자리는 발표 기술을 평가하는 데가 아닙니다. 사업 계획서를 평가하는 자리라는 걸 잊으시면 안 됩니다. 만약 극적인 프레젠테이션을 하는 걸로 유명한 애

플의 스티브 잡스가 우리나라 정부 과제에 지원했으면 분명 떨어졌을 겁니다.

여러 사람을 면접하는 평가위원의 고충을 이해해야 한다. 정리하면 다음과 같다.

① 동영상 (X)
② 애니메이션 효과 (X)
③ 사운드 효과 (X)
④ 언쟁 (X)

핵심노트

대면평가
- 제출한 사업 계획서에 맞는 프레젠테이션 발표 자료를 준비한다.
- 평가를 받으러 가는 것인 만큼 예의를 지켜야 한다.
- 프레젠테이션 시간을 준수한다.
- 문서와 발표 모두 정확해야 한다.

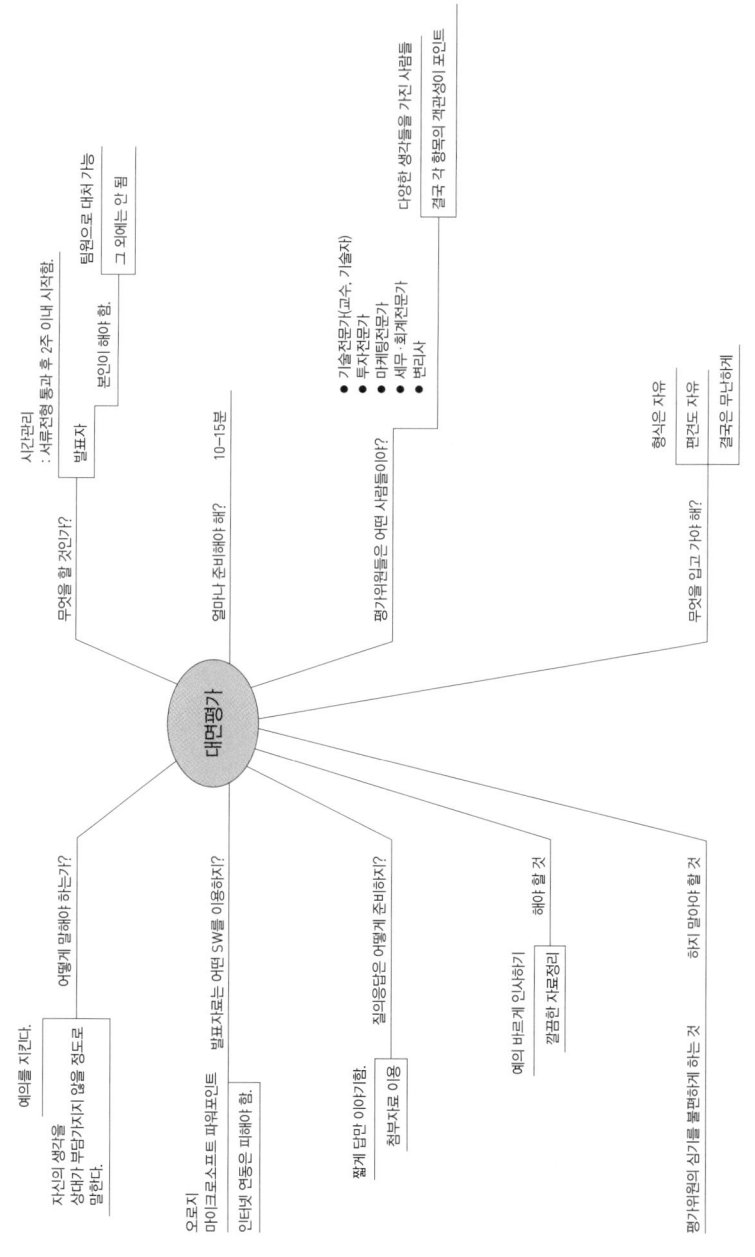

CHAPTER 2. 퀵 스타트(Quick Start)

CHAPTER 3

창업하기 전에 알았더라면 좋았을 것들

이런 말을 하기는 싫지만 어떤 일이든 타고난 사람이 있다. 누구는 노력으로 불가능한 일은 없다고 하지만 솔직히 공감하기는 힘들다. 어린 시절 똑같은 시간, 똑같은 선생님, 똑같은 참고서로 공부했지만 우리 반 반장과 내가 졸업한 대학은 다르다. 공부는 그나마 괜찮다. 예체능 쪽이라면 더 심한 차이를 보여준다. 천재만이 인정 받는다. 엄청 잘하는 정도로는 절대 안 된다.

1등만이 살아남는 ○○ 같은 세상.

이것이 현실이다. 그런 세상에서 많은 사람들 입에 오르내리는 창업 신화는 일반인의 몫이 아니다. 일반인이 잘못 따라 했다가는 암울한 미래를 맛볼 수밖에 없다. 누군가 창업에 대해 먼저 알려줬다면 좋았겠지만 대부분 '자신만의 노하우'를 가지고 얘기하기 때문에 막상 창업을 하면 그들의 조언이 전혀 도움이 되지 않을 수도 있다.

창업創業은 개업開業과 다르다. 새로운 업을 만드는 그 과정에서 성공보다는 실패를 많이 맛보게 마련이다. 그러므로 창업을 생각한다면 누군가의 성공담이 아닌 실패담을 들어야 한다. 당연하다. 성공담은 말 그대로 어려운 일을 해낸 신화 같은 내용이다. 즉, 일반적이지 않은 특수 상황이라는 것이다. 그런 특수 상황을 목표로 사업을 시작하겠다는 것은 정말 잘못된 판단이다.

다시 한 번 강조하지만 창업하기 전에 알았으면 좋았을 것은 '성공담'이 아니라 '실패담'에 있다. 폭탄 제거를 잘해야 살아남을 수 있고 살아남아야 성공도 할 수 있다는 것을 기억하자.

개업과 창업은 다르다

 고민중 씨

창업과 개업이 다른 건가요? 알 듯 말 듯한데 어떻게 다른 거죠?

 우 박사

사전적 의미를 먼저 얘기해볼게요. 창업은 새로운 업을 만드는 것, 개업은 기존에 있는 업을 여는 것이지요.

 고민중 씨

그게 무슨 차이가 있나요?

 우 박사

유명 치킨 프랜차이즈 브랜드 가맹점으로 점포를 차립니다. 이건 개업입니다. 이미 있는 업을 시작하는 것이니까요. 만약, 내가 아직까지 아무도 시도하지 않았던 치킨과 한약이라는 아이템으로 살이 찌지 않는 먹거리 사업을 시작한다면, 이건 창업이 될 수도 있습니다.

CHAPTER 3. 창업하기 전에 알았더라면 좋았을 것들

창업이라는 것은 기존에 존재하지 않는 업을 만드는 것이므로, 프랜차이즈 창업은 잘못된 말이죠. 프랜차이즈 개업이라 해야 합니다. 신장개업이라는 용어가 적합하겠네요.

 고민중 씨
음, 그럼 정부가 주는 창업 지원금은 개업에는 지원 받지 못하겠네요?

 우 박사
그렇습니다.

가끔 누군가 개업했다는 말을 듣는다. 그럴 때 개업이라는 단어 앞에는 주로 호프집, 치킨집, 노래방, 고깃집 등이 온다. 그러나 창업했다는 말 앞에는 어쩐지 거창한 단어들이 존재한다. IT 회사, 핀테크 회사, 컨설팅 회사 등 뭔가 있어 보이는 단어들이다. 이처럼 창업과 개업은 닮은 듯 보이지만 쓰임새가 다른 단어이기도 하다. 사전적 의미를 보면 개업과 창업은 언뜻 비슷한 의미로 해석이 되기도 한다.

개업開業 [명사]
1. 영업을 처음 시작함.
2. 영업을 하고 있음.
3. 그날의 영업을 시작함.
[유의어] 개점, 창업

창업創業 [명사]

> 1. 나라나 왕조 따위를 처음으로 세움.
> 2. 사업 따위를 처음으로 이루어 시작함.
> [유의어] 개업

- 출처: 네이버 국어사전

    그러나 정부 과제를 기준으로 삼아 보면 개업과 창업은 확연히 구분된다. 정부 과제를 통한 지원금은 창업에 초점이 맞추어져 있기 때문이다(소상공인 관련 지원금을 비롯한 일부 정부 지원금은 개업에도 해당되지만 여기서는 다루지 않는다).

    또한 정부 과제 입장에서 보면 프랜차이즈 창업은 오해의 소지가 있다. 프랜차이즈 개업이 더 명확한 표현이다. 정부 과제를 통한 창업은 기존에 존재하지 않는 제품이나 서비스를 만드는 것을 지원하기 때문이다.

    정부 지원 과제에 왜 '개업'이 포함되지 않는지 생각해보는 것이 좋다. 정부 지원 과제의 목적은 앞에서도 여러 번 언급했듯 '새로운 업종을 만들어 고용 창출 및 경제 활성화'를 이루는 데 있다. 그러기 위해서는 이미 생태계가 확보된 업종에서 고용이 일어나는 쪽에 투자하기보다는 '새로운 생태계'를 만들어 고용을 창출하는 것이 더 효과적일 수 있다. 사실 기존 업종에서 고용을 창출하는 것이라면 '정부 과제 형식'으로 지원할 필요도 없다. 과제 형식보다는 정부 지원금 형식으로 저금리 대출을 확대하는 것이 시간, 인력, 자본 차원에서 효과적일 수 있다. 경영자의 입장에서도 창업과 개업에 대한 개념을 정리할 필요가 있다. 그에 따라 경영자의 자세가 달라질 수 있기 때문이다. 개업이라면 장사에 가깝기 때문에 그에 맞는 사고방식으로 운영해야 한다. 즉, 투자나 지원금보다는 현금 확보 차원의 운영(투자보다는 인건비 절감)이 필요하므로 결국 '정부 지원 과제'가 원하는 결과를 이끌어 내지 못할 가능성이 있다. 그러나 창업이라면 새로운 생태계를 만드는 과정이므로 인력과 시스템을 비롯해 각종 분야에 투자를 해야 한다. 결국 정부가 원하는 결과를 이끌어낼 확률이 높아지는 것이다.

만약 독자가 창업에 뜻을 가졌다면 마음 속에 다음과 같은 내용을 간직해야 한다.

"나는 개업을 한 것이 아니라 창업을 한 것이다."

핵심노트

창업과 개업
- 창업과 개업은 다른 개념이다.
- 정부는 창업 지원을 한다. 개업 지원을 하는 경우는 극히 드물다.
- 정부 지원 과제를 할 때는 창업을 하는 자세로 임해야 한다.

창업 지원금: 출연금 vs. 융자

준비하다 보니 창업 지원금이 가장 헷갈립니다. 담보 대출 같은 것과 다르게 조건 없이 그냥 지원해주는 것인가요?

정부 지원금은 출연금과 융자로 구분할 수 있습니다. 출연금은 상환 의무가 없는 자금입니다. 당연히 이자 또한 없습니다.

융자는 원금을 상환해야 하고 이자도 있습니다. 단, 과제에 따라 이자가 시중 금리보다 저렴할 수 있습니다. 시중 대출과 다른 점은 담보를 제공하지 않는다는 점입니다.

그러나 미상환시 신용불량자가 될 수 있고 추후 정부 과제 지원에 불이익이 있을 수 있습니다. 반드시 상환해야 하는 자금이지요. 그나마 한 가지 좋은 점은 추심(돈 갚으라는 압박?)이 없다는 것 정도입니다.

고민중 씨

상환 의무가 없는 출연금으로 지원을 받기는 힘들겠죠? 아무래도 융자 쪽이 더 쉬울라나요?

 우 박사

그렇습니다. 융자금 규모가 더 크고 과제당 지급금도 큽니다. 말씀처럼 융자 과제가 출연금 과제보다 선정되기 더 쉽고요.

 **고민중 씨**

'하이 리스크 하이 리턴'High risk High return인 셈이네요.

창업 지원금과 관련해 많은 이들이 정부가 돈을 '준다'는 건지 '빌려준다'는 건지 궁금해한다. 사실 당연히 그냥 주는 것에 혹할 수밖에 없다. 하지만 그냥 주는 것이 많으면야 더없이 좋겠지만 현실은 그리 녹록하지 않다.

정부 지원금은 크게 출연금과 융자로 구분할 수 있다. 출연금은 성공 여부에 상관없이 갚을 필요가 없는 순수 지원금이다. 융자는 상환 의무가 있는 대출금이다. 단, 담보 대출이 아닌 기술을 기반으로 한 신용 대출이라고 할 수 있다. 대출 금리도 시중의 신용 대출 금리보다 낮다.

출연금은 창업만 가능하다

정부에서 지원하는 창업 지원 프로그램은 창업 교육, 시설 공간, 사업화 과제, TIPS 프로그램, 판로, 해외 진출, 행사, 네트워크 지원 등 다양하다. 이런 프로그램 중에서 자금을 직접 지원하는 것은 창업 과제다. 창업 과제는 보통 2월에 신청서를 접수하며, 약 10개월 동안 지원을 받는다. 이 지원금은 갚을 필요가 없는 순수 지원금으로 200만 원부터 5천만 원까지 다양하다.

융자(대출)는 개업도 가능하다

정부 지원금 중에서 대부분은 융자(대출) 형태로 지급된다. 그런데 현실에서는 이 융자와 순수 지원금을 헷갈려 하는 경우가 많다. 정부 지원 사업 지원금을 볼 때는 출연금인지 융자인지 반드시 확인해야 한다. 출연금과 융자의 차이는 이자 및 상환 기간으로 파악할 수 있다. 이자나 상환 기간이 있다면 이는 융자다. 융자는 반드시 갚아야 하는 돈으로, 정부 융자를 받을 때도 은행 대출과 마찬가지로 신중을 기할 필요가 있다.

초기 창업자들의 목표는 당연히 출연금이다. 그러다 보니 인터넷상에 올라온 공고 중 자신에게 기회가 되는 것은 무엇인지 알고 싶어 한다. 이렇게 출연금 신청을 잘할 수 있는 방법을 설명한 블로그나 출연금 신청 교육을 하는 컨설턴트의 사이트를 찾아볼 수 있다. 포털 사이트에서(필자는 구글) '정부 지원 출연금'을 찾아보면 다음과 같은 관련 사이트들을 찾아볼 수 있다.

핵심노트

출연금과 융자

- 출연금은 갚을 필요가 없는 순수 지원금이다.
- 융자는 정부가 빌려주는 돈이다. 은행권보다 이자가 훨씬 적고 추심이 없다는 장점이 있다.
- 대부분 상환 의무가 없는 출연금을 목표로 하지만 그만큼 경쟁이 치열하다.

창업하기 전 자세와 제한

창업을 하려면 일단 알아두어야 할 것이 있다. 바로 변수가 너무 많다는 점이다. 아무리 공부를 미리 많이 해뒀다고 해도 상황은 언제나 변한다. 그러므로 내가 무엇을 알고 있더라도 상황에 따라 알던 대로 행동하지 못할 수도 있다. 즉, '지식'보다는 '자세'가 더 중요할 때가 많다. 그러다 보니 창업의 자세가 더욱 중요하다. 창업의 자세는 지극히 개인적인 성향과 경험에서 나오는 것이므로 무엇이 옳다고는 말할 수 없다. 단, 공통적으로 이것만은 피해야 한다는 한두 가지 사항 정도는 늘 마음에 새기고 있어야 한다.

열심히만 하려면 창업하지 마라

최악의 직원은 무능한데 열심히 일하는 사람이라는 말이 있다. 직장인이라면 대부분 공감할 수 있는 내용이다. 무능한데 열심히 일하면 그 사람이 한 일이 결국 또 다른 일을 만든 셈이 되고 결국 주위 사람들이 이를 수습하다가 지치게 마련이다. 그러나 사업에서 열심히만 하려면 창업하지 말라는 말은 다른 의미다. 이는 '성공 확률'과 관계된 말이다. 즉, 열심히만 하려 하지 말고 성공하려고 노력하라는 말을 과격하게 표현한 내용이다.

고민중 씨

그게 대체 무슨 말이죠? 창업하면 죽기 살기로 열심히 해야 하는 거 아닌가요?

우 박사

보통은 그렇게들 말하죠. 하지만 전 다르게 생각합니다.

고민중 씨

어떻게 생각하시는지 궁금합니다.

우 박사

열심히 해야만 성공할 수 있는 창업이란, 다르게 말하면 성공하기 어려운 창업이라는 뜻 아닐까요?

고민중 씨

음, 듣고 보니 그렇군요.

우 박사

다시 말해 성공 확률이 낮은 창업 아이템이란 뜻입니다. 열심히 안 해도 성공할 수 있는 아이템이 성공 확률도 높은 창업이겠죠. 물론 열심히 하지 말란 이야기가 아니라 그만큼 성공 확률이 높은 아이템을 찾으란 이야기입니다.

우리나라는 해마다 100만 개의 사업자가 등록하고 또 80만 개의 사업자가 폐업신고를 한다. 창업해서 3년을 버티는 생존율이 30% 이하란 얘기다. 5년 생존율은 10% 이하다. 우리나라 치킨 매장 수는 3만 6천여 개로 전 세계 맥도널드 매장 수보다 많다. 커피 매장은 4만 8천여 개로 치킨집보다 더 많다. 이런 상황에서 치킨 매장이나 커피 매장을 개업하여 성공할 수 있을까? 아무리 열심히 해도 성공하기는 쉽지 않을 것이다.

나이 제한

선진국에서는 좀처럼 찾아보기 어렵지만 우리나라 정부 과제에는 엄연히 나이 제한이 존재한다. 대한민국에 살면서 겪는 흔한 상황이라 이해는 되지만 조금 씁쓸한 것도 사실이다.

고민중 씨

듣자 하니 정부 지원금에 나이 제한이 있다던데요. 성별도 중요하다는 소문이 있던데 이게 사실인가요?

우 박사

네, 맞습니다. 청년 과제는 만 39세 이하만 지원이 가능합니다. 반대로 나이가 많은 노년층을 위한 실버 과제도 있습니다. 그리고 여성만 지원 가능한 여성 과제도 있지요.

고민중 씨

너무 복잡하게 나눈 것 아닌가요? 대한민국은 너무 탁상공론적인 정책이 많은 것 같습니다!

 우 박사

이 외에도 장애인 과제, 청소년 과제, 산학 과제, 산연 과제 등 많은 특화된 과제가 있습니다. 이렇게 세분화한 것이 꼭 나쁘다고만은 할 수 없습니다. 선택만 잘 하면 나에게는 경쟁력이 될 수도 있거든요. 즉, 자기에게 유리한 과제를 선택할 수 있는 좋은 시스템입니다.

정부 과제 중 청년 창업 과제는 만 39세로 신청 자격을 제한한다. 그러므로 만 40세가 되기 전에 창업을 시도하는 것이 더 유리하다. 물론 그렇다고 만 40세를 넘기면 창업 과제를 신청 못 한다는 뜻은 아니다. 나이 제한이 없는 과제도 있고, 시니어 창업 과제는 오히려 나이가 많아야 신청이 가능하기 때문이다.

핵심 노트

창업하기 전의 자세
- 생각 없이 열심히 하는 것은 노는 것보다 못하다.
- 정부 지원금을 확보하려면 나이에 대한 고민을 해야 한다.
- 나이 제한에 문제가 있으면 해당 조건에 맞는 사업 파트너를 확보하는 것도 방법이다.

금방 창업한 사장은 잡부다

창업하면 먼저 사무실을 마련해두고 필요한 직원을 채용해서 일을 시키면 되는 거 아닐까요?

보통의 회사는 그렇습니다. 그러나 스타트업 창업은 사장이 모든 일을 다 알고 다 할 수 있어야 합니다. 손님이 왕이 아니라 직원이 왕이라고 생각해야 합니다. 그만큼 직원 관리가 중요하다는 뜻입니다.

직원이 왕이라고요? 그런 말은 처음 들어봅니다만.

시스템을 갖추고 그에 맞춰 돌아가는 대기업과 이제 막 사업을 시작하는 스타트업은 다릅니다. 스타트업 기업들은 시스템보다는 직원 간의 유기적인 관계에 따라 일이 진행되기 마련입니다. 만약 주요 직원들이 업무 인수인계를 제대로 하지 않고 퇴사라도 하면 큰일 나는 거지요.

고민중 씨
그런가요?

우 박사
제가 알던 한 분은 프로그래머 1명, 디자이너 1명과 함께 창업했습니다. 1년 정도 열심히 해서 앱을 다 만들었는데 말이죠. 어느 날 프로그래머 직원이 불만을 품고 모든 소스가 들어 있는 노트북을 들고 잠수를 해버렸습니다. 이미 앱이 앱스토어에 올라가 있었지만, 업그레이드를 할 수가 없었죠. 결국 다 만든 앱을 처음부터 다시 개발해야만 했습니다.

사장은 무슨 일이든 다 할 줄 알아야 한다

큰 돈을 투자하여 회사를 만든다면, 당연히 모든 업무에 담당자를 두고 해당 업무를 나누어 할 수 있다. 그럴 때 사장은 사장 역할만 하면 된다. 그러나 인력이 부족하면 그 부족한 부분은 사장이 담당해야 한다. 또 역할을 담당하는 직원이 있어도 언제 그만두거나 무슨 일이 생길지 모르므로 사장은 그 역할을 대신 해낼 능력을 갖추고 있어야 한다. 만약 그런 능력이 안 되는 상태에서 문제가 발생하면 상당한 액수로 외주 처리를 해야 한다.

세무, 회계, 법무, 특허를 모르면 이용당하기 쉽다

세무사, 회계사, 법무사, 변리사 등 회사 운영에는 많은 전문가의 도움이 필요하다. 그러나 이런 전문가들이 모든 문제를 완전히 해결해 줄 거라는 믿음을 가져서는 안 된다.

전문가들은 묻는 것에만 답을 할 뿐이다. 심하게 말하면, 이런 전문가들은 어떤 큰 문제가 발생해야 돈을 많이 벌 수 있다. 따라서 세무, 회계, 법무, 특허 등에 관해서 전문가에게 일임하는 것은 굉장히 위험한 선택이다. 사장이라면 전문가만큼은 아니더라도 기본적인 것은 알아야 한다. 또 알고 있는 만큼 문제를 줄일 수 있으며, 그만큼 비용도 줄일 수 있다. 돈을 버는 것 못지않게 아끼는 것도 중요한 것이다.

청소부가 없으면 화장실 청소도 해야 한다

가정을 하나 해보자. 지금 있는 회사에서 청소부가 출근하지 않았다며 본인에게 청소를 시킨다면 어떨까? 지금 이 책을 읽고 있는 본인은 기꺼이 청소를 할 수 있을까? 아닐 것이다. 만약 한다고 해도 회사 또는 사장에게 엄청난 불만을 품을 것이다.

사장이라면 왠지 멋진 일만 할 거라고 착각한다. 하지만 이렇듯 회사에 허드렛일이 있을 때, 그 일을 대신할 사람을 만들어놓지 않는 한, 그 일은 사장의 몫이다. 사장은 청소부가 없으면 화장실 청소까지 해야 하는 자리다.

모든 업무를 파악하고 문제 발생 시 업무를 대체해야 한다

큰 기업은 시스템이 잘 갖춰져 있고 필요하면 대체 인력을 고용할 수 있다. 그러나 스타트업 기업은 시스템은 물론이고 대체 인력을 고용할 여건이 되지 않는다. 만약 개발의 중추 역할을 하던 직원이 교통사고를 당해 병원에 입원했다고 생각해보자. 그럼 사장은 그 병원에 입원해 있는 직원에게 일을 시킬 수 있을까? 아니면 그대로 프로젝트를 포기해야 할까? 사장은 담당 직원만큼은 아니더라도 이런 비상시를 대비해서 모든 업무를 숙지하고 대체할 수 있어야 한다. 직원이야 회사가 망하면 이직하면 그뿐이지만 사장은 그렇지 않다. 사장이 내 일만 하면 된다고 생각하는 것은 매우 위험하다.

돈 주면서 욕먹는다

사장은 직원들과 허물 없이 지내고자 하고 모든 직원이 회사 가족이라고 생각한다. 그러나 직원은 결코 사장을 그렇게 생각하지 않는다. 회사 욕과 사장 욕을 서슴없이 한다. 사장은 월급을 주고 보너스를 주면서도 욕을 먹는다. 그렇다고 직원들의 이런 반응에 일일이 대응해서도 안 된다. 사장은 원래 돈을 주면서도 욕을 먹는 존재다.

핵심 노트

사장이 해야 할 일
- 사업 초창기에는 내가 모든 일을 다 해야 한다고 생각한다.
- 욕먹는 것을 두려워하지 말자.
- 세무 관련 법은 반드시 알아야 한다.

목표를 두어야 한다: 출구 전략

 우 박사

고민중 씨는 성공이 뭐라고 생각하십니까?

 고민중 씨

성공이요? 글쎄요, 성공이 뭘까요? 그냥 돈 많이 벌고 비싼 차에 그럴듯한 사람들과 어울리며 이름 좀 날리는 걸까요? 사실 잘 모르겠습니다. 그런데 정부에서도 성공 가능성을 측정하고 지원해주는 건가요?

 우 박사

정부가 과제를 통하여 출연금을 지원해주는 이유는 일자리 창출입니다. 즉, 지속 가능한 일자리를 확보하기 위해서죠. 정부 과제 평가에서는 기술력과 시장에서 지속 가능한지를 평가합니다.

 고민중 씨

정부에게는 제가 성공했다는 평가를 받는 것이 중요하지는 않겠군요. 그보다는 사회 전반에 걸친 '일자리 창출'과 기여도를 본다는 뜻이겠네요.

그렇습니다. 정부에서는 참여자의 성공 여부를 평가하지는 않습니다. 단지 출연금을 지원해주고 창업이 완료되어 정상적으로 사업을 시작했는지 거기까지만 평가하고 관리합니다.

그럼 정부와 사업자의 성공 기준은 서로 다를 수밖에 없겠네요.

우 박사

그렇지요.

고민중 씨

그럼 돈을 많이 벌겠다는 목표를 잘 세워야겠어요.

우 박사

돈이 목표일 수는 없습니다. 돈은 필수 사항일 뿐이에요. 돈이 목표가 되면 사업 자체가 불가능해질 수도 있습니다.

고민중 씨

그게 무슨 뜻이죠?

우 박사

제 말을 한번 들어보세요.

삶은 언제나 예측하기 힘들다. 사업하는 사람들에게 지금의 사업 구조를 어떻게 만들었는지 조언을 구하면 대부분 어쩌다 보니 여기까지 왔다고 한다. 즉, 목표는 있었지만 지금 상황은 목표와는 다르다는 뜻이다. 그럼 사업을 왜 하는 것일까? 처음 사업을 시작하는 사람들은 모호한 두려움과 흥분으로 가득 차서 자신의 꿈과 목표를 이야기한다. 그러나 몇 해가 지나면 무거운 현실에 짓눌리다 초심의 목표가 무엇이었는지 기억하지 못할 때가 있다. 그래서 사업을 하려면 명확한 목표를 설정해둬야 한다. 성공의 기준을 스스로 정해 목표를 세워두라는 것이다.

돈을 목표로 사업을 하다 보면 자주 목표가 사라진다. 즉, 목표가 사라진 시점에서 생존을 위해 사업을 하다 보면 회사 대표, 다시 말해 사장은 꼬박꼬박 월급을 받던 직장생활을 그리워하며 우울한 나날을 이어가야 한다(가끔 SNS에서 잘나가는 유명 회사 대표의 글을 보면 목표에 대한 강한 의지를 피력한다. 그러나 이는 목표 성취욕이 강해서만이 아니라 목표를 잃어버리지 않으려고 발버둥치는 노력의 일환이다). 즉, 사업은 힘든 여정이라 목표 의식 없이 하다가는 태평양 한가운데에 표류한 것처럼 절망적일 때가 있다. 물론 사업의 목표는 당연히 '돈을 버는 것'이다. 그러나 대외적으로 돈을 목표로만 사업할 경우 방향을 잃어버릴 수도 있다. 그러므로 대외적인 사업 목표를 정해두고 나아가야 한다.

1. 돈을 벌기 위해서 사업하는 것
2. 미래 가치를 만들고 싶어서 사업하는 것

1번은 안정적이고 오래 갈 수도 있다. 그러나 돈을 벌기 위해서만 사업을 하면 투자가 야박하게 이루어져 '어느 정도'의 돈만 벌 수 있다.

결국 큰돈 벌 기회가 없어지는 것이다. 그러나 매년 성장하면서 큰돈을 벌고 싶다면 대외적으로 돈 이야기를 해서는 안 된다. 바로 2번을 택해야 하는 이유다. 돈보다는 미래를 이야기해야 한다. 돈만 이야기하는 회사와 대표에게 좋은 투자는 결코 기대할 수 없다.

결국 자신이 하려는 사업의 대외적인 목표를 두어야 한다. 반대로 실패 조건도 정해두어야 한다. 어디까지가 투자고 어디까지가 손해인지를 구별하기 위해서다.

꾸준히 월급을 벌 수 있는 업을 먼저 만들어라

목표가 무엇이든 매달 돈은 나간다. 회사 운영비를 확보하지 못한다면 목표는 무의미하다. 예를 들어보자. A라는 기업은 창업 후 100억 원을 벌었지만 5년 후 폐업했다. B라는 기업은 대표자가 매년 1억 원의 순이익을 30년간 가져갔다. 둘 중 어느 기업이 성공했다고 할 수 있을까? 현재 우리나라는 A기업을 성공했다고 말하는 분위기다. 그러나 5년 후 그 대표 이사는 개인파산이나 신용불량자를 겪었거나 감옥에 있을 확률이 높다.

본인이 창업을 하려는 이유를 잘 생각해보자. 정말 큰돈을 벌 생각인지, 아니면 월급 정도의 돈만 벌 생각인지. 독자가 무엇을 선택하든 간에 반드시 챙겨야 할 것은 '자신의 월급'이다. 수많은 경영 관련 자기계발서나 유명 최고경영자 신화를 보면 월급을 희생해가며 사업을 이끈 이야기가 나온다. 필자는 절대 거기에 동감할 수가 없다. 집에 있는 내 가족들이 나 때문에 삶을 불안해하고 두려워하는 모습을 상상

해보자. 내가 직장생활만 제대로 했어도 그들은 어디 가서 아쉬운 소리 없이 잘살 수 있었다. 단지 중소 기업 대표의 가족이라는 이유로 각종 채권 추심에 시달리며 불안한 나날을 보내는 이들. 이건 모두 사업을 하는 당신의 책임이다. 이것이 현실이건만 세상에 나와 돌아다니는 경영서나 자기계발서는 영웅을 흉내 내라고만 한다. 그러나 영웅은 신화일 뿐 현실이 아니라는 점을 기억해야 한다. 특히 대한민국에서 사업 실패는 경제 행위의 죽음을 뜻하기도 한다. 다시 한 번 강조하지만 투자를 받든 담보 대출을 받든 뭘 하든 간에 자신 몫의 월급조차 챙기지 못할 사업은 하는 것이 아니다. 결코.

성공을 위한 디데이를 정하라

창업하여 언제까지 사업을 성공시킬지 디데이를 정해두자. 정해둔 날까지 성공하지 못한다면 과감히 사업을 정리하고 포기할 줄 알아야 한다. 사업이 잘 풀릴지 아닐지는 대부분 사업 초반에 결정된다. 안 될 일은 아무리 노력해도 안 된다는 점을 명심하자.

핵심 노트

사업 목표 설정
- 대외적인 사업 목표를 만들어야 한다
- 사업의 기본은 돈이다. 자신의 월급도 못 만드는 사업은 실패한 사업이다.
- 사업 성공을 위한 디데이를 정해야 한다. 무한한 사업은 없다.

CHAPTER 4

정부 지원 받고 창업하기 위한 3가지 노하우

앞에서는 사업에 앞서 미리 알았으면 좋았을 것을 정리했다. 단어 자체에서도 느껴지지만 '알았으면 좋았을 것'은 아쉽고 힘들었던 내용을 정리한 것이다. 누구나 경험하지만 미리 알려주지 않는 내용이었다. 그랬다면 이번 장에서는 정부 지원 과제를 성공시키기 위한 노하우를 설명하고자 한다.

앞서 언급했지만 정부 지원 과제는 기업 입사나 대학 입학처럼 '서류 전형'이 가장 중요하다. 아무리 능력이 뛰어나고 조건이 훌륭한들, 서류 전형에서 떨어지면 다음은 없다. 따라서 대부분의 정부 지원 과제에서 가장 많은 시간을 할애하는 것이 바로 서류 작성이다. 서류 작성법은 방대한 내용이라 여기서는 핵심만 설명하고 대면평가도 필요한 핵심만 정리할 것이다. 여기에 정부 지원 과제에서 인맥 활용을 어떻게 해야 하는지도 설명한다. 마지막으로 정부 지원 과제에서 사업성 검토 시 요구하는 출구 전략을 정리할 것이다.

사업 계획서를 잘 쓰자

 고민중 씨

좋은 이야기 많이 해주셨습니다만, 그럼에도 좀 더 쉽고 편하게 하는 방법은 없을까요?

 우 박사

정부 과제에서 가장 중요한 것은 사업 계획서를 잘 만들고 잘 발표하는 것입니다. 그런데 이 사업 계획서를 잘 만들고 잘 발표하는 데는 노하우가 있습니다. 이런 노하우를 모르는 상태에서 진행하면 아무래도 좋은 결과를 기대하기는 힘들겠지요.

 고민중 씨

문서만 잘 써도 창업에 도움이 된다는 뜻인가요?

 우 박사

바로 그겁니다.

문서는 기본이다. 문서를 제대로 못 쓰면서 정부 사업에서 인정을 받겠다는 것은 어불성설이다. 사업을 하면서 적지 않은 사람들이 사업 계획서를 무시한다. 그러나 사업 계획서를 쓰고 사업을 하면 자신이 어떤 사업을 어떻게 할지 구체적인 답을 얻어낼 수 있다. 머릿속 생각을 글로 정리하다 보면 문제점을 발견해 좀더 구체적으로 항목을 정리할 수 있다.

사업 계획서의 장점
① 구체적인 목적을 정리할 수 있다.
② 위험 요소와 장점을 분리할 수 있다.
③ 일정 관리가 가능하다.

사람이 머리만으로 생각하면 반드시 오류가 발생한다. 그리고 그 오류를 정당화하며 그 행위를 '긍정'이라는 단어로 포장한다. 그러나 자신의 생각을 글로 정리하다 보면 자신의 생각에 오류가 있음을 발견하고 그 오류에 대해 깊이 생각하게 된다. 그 과정에서 오류를 어떻게 극복할지 구체적인 방법 또한 찾아낸다. 이것이 바로 사업 계획서의 장점이다. 누구나 생각은 할 수 있다. 그러나 그 생각이 맞는지는 알 수 없다. 글로써 정리해야만 비로소 그 생각이 맞는지 가시적으로 확인할 수 있다.

그리고 정부 과제를 통해 사업 계획을 세운다면 정부가 원하는 형식을 유지해야 한다. 정부는 명확한 근거에 따라 판단한다. 즉, 제안자의 머릿속 생각을 고려하지는 않는다. 따라서 정부 과제의 모든 내용은 정부가 원하는 문법의 글로 명확하게 표현되어야 한다.

고민중 씨
정부가 원하는 사업 계획서를 작성하려면 특히 어떤 부분에 신경을 써야 할까요?

우 박사
가장 중요한 것은 콘텐츠(내용)겠지만, 아무래도 짧은 시간에 많은 사업 계획서를 봐야 하는 평가위원들은 대부분 가점제가 아닌 감점제 방식으로 평가합니다. 그러다 보니 기본을 지키지 않는 사업 계획서는 바로 탈락 처리가 되고는 하지요. 그래서 실제로는 내용보다도 기본을 철저하게 지키는 것을 우선시하는 것이 가장 중요합니다.

고민중 씨
그럼 잘 쓰는 것보다 '틀리지 않는 것'이 더 중요하겠네요? 괜히 어설프게 대단한 이야기를 할 것이 아니라 이해할 수 있는 말로 틀리지 않게 작성하면 되겠군요.

우 박사
맞습니다.

평가위원은 당신에게 우호적이지 않다

평가를 받고 나오는 많은 이들이 공통적으로 하는 말이 있다. 자기가 하려는 사업이나 기술에 대해 저기 있는 '평가위원이 뭘 안다고 평가를 하냐'는 얘기다. 맞는 말이다. 평가위원은 사업이나 기술에 대해서는 잘 모를 수 있다. 그러나 그들은 평가를 할 줄 안다. 우리나라 모든 사람을 다 설득했다고 해도 그 지원 사업을 맡은 평가위원을 설득하지 못한다면 그 과제에 선정될 수 없다. 다른 그 누구가 아니라 바로 그 평가위원을 설득하겠다고 마음을 먹어야 한다. 전 국민도 아니고 평가위원 3~10명을 설득하는 일이 뭐가 그리 어렵겠냐는 식의 강인한 마음을 먹어야 하는 것이다.

정부가 좋아하는 아이템을 파악하자

내 주위 사람들이 공감하는 아이템이 아니라 정부가 공감하는 아이템을 파악하라.

 고민중 씨

정부가 원하는 아이템이 있단 얘기군요. 사실 사업 아이템은 사업하고자 제안하는 사람이 중요하다고 여기는 것을 제안하면 되는 것 아니었나요? 정부가 원하는 아이템이 아니면 안 된다는 말씀이신가요?

 우 박사

정부는 R&D나 기타 분야에 대한 전략을 가지고 정부 사업을 진행합니다. 그러니 당연히 그 틀에서 벗어난 과제들은 선정되기가 어렵습니다. 정부의 전략 방향과 맥을 같이하는 아이템을 찾아 제안해야 합니다.

 고민중 씨

결국 내 아이템의 퀄리티를 따지기 이전에 정부가 원해야 하는 아이템에 합당한지, 그에 맞는 것을 제안하는 것이 중요하겠네요.

네, 맞습니다.

그럼 정부가 원하는 아이템은 어떻게 알 수 있나요?

지금부터 함께 알아보도록 합시다.

    정부의 공감을 얻고 투자를 얻기 위해서는 정부가 어떤 아이템을 중시하는지 미리 파악해야 한다. 먼저 한국정보통신기술협회(TTA)에서 매년 12월에 발간하는 ICT 표준화 전략맵을 활용해보자. 이는 국가 R&D 전략을 중점 분야와 세부 기술 분야로 구분하여 나아갈 방향을 정리해둔 문서로, 이를 근거로 정부는 예산을 책정한다. 이 정보

• 출처: www.tta.or.kr

들을 적극 활용하는 것이 좋다. 도표와 성장 예측치 및 표준화 현황, 우리나라 기술 수준 등 활용할 수 있는 자료가 많이 있다. 사업 계획서 작성 시 자료 참조 및 인용에 매우 유용하다.

평가위원은 사업 계획서를 다 읽지 않는다

말 그대로 평가위원이 약 10~20분 동안 수십 페이지짜리 사업 계획서를 완벽하게 읽을 수는 없다. 보통 개론을 읽고, 마지막 예산 부분을 확인한다. 그리고 발표 자료를 보다가 관심이 가는 부분이 생기면 사업 계획서에서 해당 부분을 찾아본다. 따라서 짧은 시간 내에 파악할 수 있도록 '포인트가 되는' 부분을 만들고 모든 수치가 정확한지 거듭 확인하는 것이 좋다. 예산에 오류가 있다면 바로 감점을 당하고 선정을 기대하기 힘들다.

예산 계획을 철저히 하자

평가위원은 발표자가 인사할 때를 제외하고는 발표자가 아닌 책상 위 서류와 스크린에 집중한다. 눈과 손은 종이 문서에 가 있고, 귀는 발표자의 목소리를 향한다. 그리고 관심 있는 내용이나 이상한 부분이 있을 때만 발표자 또는 스크린을 바라본다. 평가위원은 짧은 시간 안에 사업 계획서와 발표 자료를 모두 봐야 한다. 거기에 평가까지 해야 한다. 평가는 단순히 점수만을 적는 것이 아니라, 각 항목에 이유까지 적어야 한다. 따라서 평가위원은 매우 바쁘다. 그러다 보니 감점제로 점수를 매길 수밖에 없는데, 가장 감점을 확실하게 줄 수 있는 부분이 바로 예산 계획인 것이다.

자료 출처를 밝히자

정부 과제는 자료를 근거로 타당성을 결정한다. 따라서 제안자가 증빙한 자료에 타당성이 없으면 바로 감점 처리를 한다. 그러므로 자의적이거나 어설픈 인용은 정부 과제에서 반드시 피해야 한다.

자료 출처가 그렇게 중요한가요? 어차피 발표 시간 안에 그걸 다 언급할 수도 없잖아요. 그리고 평가위원들이 보기는 하는 건가요?

모르시는 말씀입니다. 자료 출처는 매우 중요하지요. 자료 출처를 밝히지 않은 자료는 그 근거가 명확하다고 볼 수 없고 이는 중요한 감점 요소가 됩니다. 자료 출처를 밝히는 것은 기본 중의 기본입니다. 발표 시간에 그 출처를 말로 언급할 필요는 없고요. 단지 문서상에 표기만 잘 하시면 됩니다.

그러면 문서에 표기할 때 검색주소URL을 표기해도 되나요?

안 되는 것은 아닙니다. 하지만 가급적 해당 자료의 원본 출처를 표기하는 것이 좋습니다.

아무리 강조해도 지나치지 않다. 참조 자료는 반드시 출처를 밝히도록 한다. 출처가 없는 자료는 신빙성을 의심 받을 수밖에 없다. 면접 평가에서 평가위원에게 자료 출처가 어디냐는 질문을 받았다면 일단 감점 요인이다. 이때 대답마저 못한다면 발표 내용 전체의 신빙성마저 의심 받을 수 있다. 쉽게 말해 '이젠 우리가 집에 가야 할 시간'이 온 것이다. 출처가 어디냐는 질문을 받아서는 안 된다. 절대로.

- 자료 출처의 안 좋은 예: 뉴스 URL, 포털 기사
- 자료 출처의 좋은 예: 국가 공인 기관 자료집, 공인된 논문 모음집

인터넷 자료를 복사해서 그대로 붙여 넣지 말자

앞서도 거듭 얘기했듯 한꺼번에 많은 양을 보고 있는 평가위원을 고려해야 한다. 그들의 눈에 피로를 주면 안 된다. 또 인터넷 자료를 복사해서 그대로 붙여 놓으면 성의가 없어 보일 뿐만 아니라 일관성도 없어 보인다. 만약 인터넷 자료를 반드시 써야 하는 상황이라면 다음과 같은 작업은 필수다.

- 도표는 비지오 Visio나 포토샵 프로그램으로 재작성한다.
- 가져온 자료를 발표 양식에 맞게 재작성한다.

평가위원은 기술적인 내용도 내용이지만 눈에 보기 좋은 내용에 더 높은 점수를 준다는 것을 기억하자.

평가위원의 심리적 상태는 시간에 따라 다르다

평가위원도 사람이다. 그리고 그 사람이 채점을 한다. 즉, 평가위원의 지루하고 지친 감정을 이해하지 못하고 프레젠테이션을 하는 것만큼 바보스러운 일은 없다. 평가위원의 불편한 심기를 체크해가며 발표하는 것이 좋다.

 고민중 씨
아침, 점심, 저녁에 따라 발표 방법이 달라야 한다고요?

 우 박사
그럼요. 평가위원도 사람이다 보니 평가 초기는 생생하지만, 점심시간 전에는 배고프고 점심을 먹고 나면 졸리기 마련입니다. 이런 심리 상태를 고려하여 발표 방식을 달리해야 합니다. 배고플 때는 예민하니 가급적 자극적인 내용(예를 들어 햄버거 사진)의 발표를 지양해야 합니다.

 고민중 씨
그럼 어떻게 발표해야 하죠?

 우 박사
제가 하나씩 설명해드릴 테니 잘 따라오세요.

배정된 순서에 따라 발표 방식을 달리해야 한다. 발표 순서가 앞쪽이라면 평가위원들이 집중도가 높다. 또 포인터나 프로젝터, 사운드 등 발표장 환경이 제대로 준비되지 못했을 수 있다. 이런 다양한 경우에 당황하지 말고 대비해야 한다. 가능하다면 발표 전에(타이머가 동작하기 전에) 양해를 구하고 장비를 점검하자. 정상적으로 작동하지 않는 장비가 있다면 타이머 중지를 요청하고 담당자에게 애로사항을 해결해줄 것을 요청해야 한다. 끝 순서라면 발표 시간보다 1분 정도 먼저 끝내도록 하자. 평가위원도 사람인지라 종일 평가만 하다 보면 힘들고 지쳐 당연히 조금이라도 빨리 끝나길 바라게 된다. 그런 와중에 발표 팀이 시간을 초과하면 짜증이 날 수밖에 없고, 그 짜증은 고스란히 감점으로 이어질 것이다. 결코 좋은 점수를 기대하기 힘든 것이다. 따라서 평가위원의 심리 상태를 파악하는 것도 중요한 전략이 된다.

만약 점심시간 이후에 발표를 한다면 평가위원들이 한창 졸릴 시간이다. 그런데 발표에 특색이 없다면 더욱 졸릴 수밖에 없다. 그러므로 중간중간 목소리 톤을 달리하거나, 속도 조절 등을 통해 평가위원들의 집중도가 떨어지지 않도록 애써야 한다.

발표 자료에 사용한 소프트웨어는 구 버전으로 준비하자

공공기관은 최신 버전을 잘 사용하지 않는다. 최신 툴을 이용했다가는 설정하다가 발표 시간이 다 지나가버릴 수도 있다.

애니메이션이나 동영상을 사용하지 말자

인쇄 시 표현이 어렵다. 거듭 강조하지만 평가위원은 발표자나 발표 화면이 아니라 책상 위 서류만 보고 있다.

사운드 효과를 주지 말자

평가위원의 주위가 분산되어 발표에 방해가 될 뿐이다.

발표 자료에 내용 이외의 추가분을 포함시키자

예상되는 질문은 부록APPENDIX 페이지로 구성해라. 답변 시에 추가 페이지로 이동하여 답변한다면, 답변이 용이하고, 준비성 있어 보인다.

평가위원을 위한 총평을 정리하자

평가위원에게 자신의 발표 내용을 정리해서 한 화면으로 구성한 다음 보여주는 것도 좋은 방법이다. 지금까지 졸면서 들었던 내용을 정리해주는 것인 만큼 좋은 평가를 기대할 수 있다.

고민중 씨

총평을 정리하라는 말은 내가 발표한 내용을 내가 평가하라는 말인가요? 무슨 말인지 언뜻 와 닿지 않습니다.

우 박사

평가위원은 점수 평가하기도 바쁩니다. 평가 양식에는 각 항목별로 그 점수를 준 이유를 기재해야 하는데요. 어려운 일입니다. 이런 일을 발표자가 대신 정리해주면 발표자가 유리한 방향으로 평가를 유도할 수 있을 겁니다.

평가표에는 창의성, 기술성 등과 같이 구체적인 채점 항목이 공개되어 있다. 마무리로 각 항목에 맞게끔 총평을 정리해주자. 평가위원은 점수에 대한 평가 사유를 기술해야 한다. 총평에 해당 평가 사유를 정리해놓으면 평가위원이 좋아할 수밖에 없다.

> **핵심노트**
>
> **사업 계획서**
> - 사업 계획서는 무척 중요하다.
> - 계획서 작성법은 정부 과제 사업 계획서 작성에 관련된 전문 서적으로 따로 공부하길 바란다.

인맥 활용을 하자

 고민중 씨

인맥을 활용하라고 말씀하셨는데, 그럼 로비가 가능하다는 뜻인가요?

 우 박사

절대 아닙니다. 그런 뜻으로 드린 말씀이 아니에요. 로비는 절대 불가능합니다.

 고민중 씨

그럼 왜 인맥을 활용해야 한단 거죠? 인맥을 어떻게 활용하라는 건지 잘 모르겠습니다.

 우 박사

로비는 불가능하지만 정부 과제 정보를 어느 정도 예측할 수 있으니까요. 즉, 확률 높은 조언을 들을 수 있습니다.

 고민중 씨

아직 어떻게 해야 하는지 잘 모르겠어요.

 **우 박사**
　　하나씩 일러드릴게요.

　사람의 일은 모두 사람과 함께 이루어진다. 따라서 인맥의 중요성은 아무리 강조해도 지나치지 않다. 특히 거대하고 경직된 조직일수록 인맥 활용은 잊지 말고 챙겨야 하는 필수 사항이다.

대학교 교수님을 찾아가자

　대학교 교수들은 인맥이 상당히 넓다. 또 자신의 제자들이 잘되길 바라기에 처음에 조건 없는 도움을 받을 수 있다. 기술적으로도 조언을 받을 수 있고 또 주변 다른 교수님을 소개시켜줄 수도 있다. 커피 한 잔 함께하겠다는 마음으로 찾아가면 부족한 인맥을 확보할 수 있다.

모교 산학협력센터를 찾아가자

　교수님을 만났다면 다음으로 모교 산학협력센터를 찾아가라. 공학대학이 있는 종합대학교라면 대부분 산학협력센터가 있다. 산학협력센터는 말 그대로 산업체와 학교 간 협력을 담당하는 센터이다. 산업체를 돕기 위한 다양한 프로그램과 자체 지원금을 갖추고 있다. 학교 안에 창업보육센터가 있다면 더 큰 도움을 받을 수 있다.

공공기관을 찾을 때는 학교를 활용하자

　공공기관이나 특정 공공시설에 방문하는 경우에는 학교, 특히 산학협력센터의 도움을 받아라. 무작정 연락하기보다는 학교를 통해 연결될 때 더 친절한 서비스를 기대할 수 있다. 예를 들어 벤처 인증을 받기 위하여 기술보증을 방문할 때 학교에서 연락을 해준다면 상담이 원활할 것이다. 최소한 이 업체가 이상한 업체는 아닌지 의심 받는 것을 면할 수 있다.

창조경제혁신센터를 찾아가자

창조경제혁신센터는 창업을 중점으로 많은 지원을 제공하고 있는 대표적인 창업 지원기관이다. 전국에 모두 17개의 창조경제혁신센터가 있다. 모교의 도움을 받기 힘들거나 받더라도 부족하다고 느낀다면 본인이 살고 있는 지역의 창조경제혁신센터를 찾아가자. 체계적으로 많은 도움을 받을 수 있을 뿐만 아니라 인큐베이팅 프로그램도 잘 갖추고 있다. 지방으로 갈수록 경쟁률이 낮은 편이므로 더 나은 지원을 받을 확률도 그만큼 높아진다. 즉, 더 적은 노력으로 더 큰 지원을 받을 수 있다.

창조경제혁신센터를 찾아가는 것도 좋은 방법일 것 같아요. 작년에 강원 창조경제혁신센터에 가본 적이 있는데, 기업과 정부 간 협업이 잘 되어 있다고 느꼈거든요. 민간의 자유와 창의성, 거기에 기관의 안정성을 가지고 창업 지원을 한다고 들었는데, 저 같은 사람에게도 좋은 프로그램이 있을까요?

창조경제혁신센터는 스타트업 창업 및 정부 R&D 과제에 대한 모든 정보를 모아놓은 허브라고 생각하시면 됩니다. 기존에 개별 기관마다 흩어져 있던 정보를 관리하고 접근하기 쉽게 한 군데로 모아놓은 셈이죠. 마땅한 학연이나 인맥이 없다면 창조경제혁신센터를 찾아가는 것도 좋은 방법입니다. 그러나 아무래도 경쟁률이 조금 높다는 점은 염두해두시는 것이 좋습니다.

핵심노트

인맥을 활용해라
- 인맥 활용을 하면 정보 습득 차원에서 좋다.
- 창조경제혁신센터는 창업 지원자에게 적극 지원을 해준다

지원금 사용에 유의하자

 고민중 씨

지원금도 받았는데 그 증빙을 얼마나 어떻게 해야 하는지 감이 잘 오지 않습니다.

 우 박사

나랏돈이니 어디에 어떻게 썼는지 밝히는 것은 당연합니다. 그리고 증빙한다고 무조건 다 되는 것도 아니고요. 지원금을 사용할 수 있는 용도에 맞춰 증빙할 수 있습니다. 예가 조금 이상하게 들릴 수도 있지만 지원금으로 개인 자동차를 구매하거나 하면 안 되겠지요?

 고민중 씨

그럼 지원금의 범위는 어디까지로 봐야 할까요?

 우 박사

당연히 사업 계획서에 명시한 제품 혹은 서비스와 밀접한 관계가 있다고 증명 되는 것에만 가능합니다.

정부 과제에 채택되어 지원금을 받았다고 마냥 좋아할 일은 아니다. 정부 과제는 남용하지 못하도록 지원금 사용 출처를 철저하게 밝혀야 할 뿐만 아니라 용도도 제한되어 있다. 그러므로 지원금을 어떤 항목에 함부로 쓰면 안 되는지부터 반드시 알아둬야 한다.

인건비 불가

대부분의 창업 과제에는 인건비 사용이 제한되어 있다. 그러므로 창업 과제로 생활비를 마련할 생각은 하지 말아야 한다. 컴퓨터, 프린터, 사무용품 등 범용 물품 구매도 불가하다. 창업 과제로 사무실에 필요한 일반적인 용품을 구매할 수 없다는 뜻이다. 창업 과제로는 사업 계획서에 나오는 제품 혹은 서비스를 만드는 데 필요한 물품만 구입할 수 있다. 범용 사무용품은 극히 제한적으로 구매 가능한 경우도 있다.

핵심 노트

지원금 사용
- 모든 사용 비용은 증빙해야 한다.
- 사업 계획서와 무관한 것에는 지원금을 사용할 수 없다.

CHAPTER 5

정부 창업 과제 시작하기

대개는 아이디어만 있으면 창업할 수 있다고 생각한다. 그러나 정부 과제를 이용한 창업은 아이디어만으로는 지원을 받을 수 없다. 정부 창업 과제에 지원하기 위해서는 그만큼 준비할 것이 많다. 아이디어만 갖고 창업하라는 문구에 현혹되지 말자.

그럼 먼저 정부 창업 과제의 종류부터 알아보자.

- 사업화 과제
- 시설·공간 지원 과제
- 교육 과제
- 판로·해외 진출 과제
- 멘토링·컨설팅 과제
- 행사·네트워크 과제
- R&D 과제
- 기타 과제

일반 직장인과 학생은 회사나 학교에서 도움을 받을 수 있다. 대신 시간 제약이 있다. 반면 예비 창업인은 그들보다는 시간을 자유롭게 활용할 수 있는 장점이 있다. 일반 직장인, 학생, 예비 창업인, 각자의 상황에 따라 무엇부터 시작해야 하는지 달라질 수 있다.

원칙적으로 모든 정부 창업 과제는 온라인에 공고하도록 되어 있다. 잘 알려진 과제는 몇몇 대표적인 사이트에 공고한다. 잘 알려지지 않거나 특수한 과제들은 각 기관별 사이트에 있으므로 검색을 통하여 알 수 있다.

잘 알려진 과제는 검색이 쉽고 그만큼 많은 정보가 공개되어 있다. 따라서 경쟁률이 높다. 반면 잘 알려지지 않은 과제는 검색이 어렵고 정보도 찾기 어렵다. 상대적으로 경쟁률이 낮다. 이런 과제는 인맥이나 오프라인을 통해 정보를 얻을 수도 있다.

2017년도 대표적인 정부 창업 과제를 알아보면서 어떻게 접근해야 하는지 함께 알아보자.

무엇부터 시작해야 하는가?

모든 일은 일정한 순서에 따라 진행되는 법이다. 다음은 일반적인 창업 지원 과정을 정리한 도표다.

일반적인 창업 지원 과정

항목	내용	비고
1. 사업 아이템 선정	자신의 보유 기술 혹은 경험을 기반으로 해서 아이템을 선정한다.	과거 경험 보유 기술
2. 사업 계획서 작성	모든 사업 계획은 문서로 정리되어 있어야 한다. 사업 계획서는 다양한 형태로 변환이 용이해야 한다.	공모전용 투자용 팀원 구성용 창업용 벤처 인증용
3. 사업 경쟁력 확보	사업 계획서를 잘 쓰고 외부에서 그 사업 계획서를 뒷받침할 만한 증빙 자료까지 만든다.	특허·실용실안 공모전 인증
4. 개인 역량 강화	개인 역량을 강화한다.	교육 수료증 자격증

앞서 얘기했듯 창업 과정은 창업하고자 하는 사람의 현재 위치, 다시 말해 일반 직장인, 학생, 예비 창업인에 따라 준비할 것이 조금씩 다르다.

직장인(일반)

현재 직장인이라면, 특히 체계가 잘 갖춰진 법인 회사라면 배울 점이 많다. 모든 것이 공부이자 창업을 위한 자료다. 법인 회사에서 사용하는 지출결의서, 검수확인서, 재직증명서 등 모든 양식이 내가 만들 법인에서 필요한 양식이다. 이런 자료들을 잘 모아두자. 나중에 인터넷에서 양식을 찾고 다시 만드는 수고를 덜어줄 수 있다.

특히나 현재 회사에서 검토 후 사업성이 없다고 포기한 아이템이 있다면 적극 검토해볼 만하다. 큰 법인 입장에서는 수익성이 맞지 않아 접을 수도 있지만, 창업을 생각 중인 개인에게는 매력적인 아이템일 수 있다. 특히 회사에서 전문가들이 시장 조사 및 검토까지 완료한 자료가 이미 있다면 창업 과제 지원 시 그 자료들을 활용할 수도 있다. 물론 지금 다니는 회사에서 특허 및 지적재산권 등 법률적인 검토가 필요하다. 또한 현재 회사와 이야기만 잘 된다면 지원을 받아 사내 창업 형태로도 접근이 가능할 것이다. 이렇듯 현재 회사에 다니고 있다는 것만으로도 그렇지 않은 사람들에 비하여 유리한 점들이 있으니 이 점을 잘 활용하길 바란다.

또한 큰 회사들은 연말 혹은 연초에 부서별로 새로운 사업 계획서를 작성한다. 모든 사업이 채택되는 것은 아니므로 채택되지 않은 아이템을 검토해보는 것도 좋다. 또 채택된 사업 계획서와 그렇지 않은 사업 계획서를 분석해보는 것도 큰 공부가 된다.

아이디어를 갖고 있는 사람은 많지만 거듭 강조하듯 이 아이디어만으로 사업할 수 있는 것은 아니다. 아이디어를 사업 계획서로 작성할 능력이 반드시 필요하다. 자신의 아이디어를 기존 회사의 사업 계획서 양식에 맞춰 작성해보자. 처음에는 결코 쉽지 않겠지만 생각을 구체적인 사업 계획서로 작성해보는 과정을 통해, 작게는 사업 계획서 작성 역량을 향상시킬 수 있을 뿐만 아니라 더 나아가 바로 사업으로 이어지는 기회도 잡을 수 있다.

기존 회사에서 투자의향서, MOU, 조건부구매의향서 등 창업 아이템에 대한 서류를 받는다면 창업 과제 평가에서 가산점 혹은 좋은 평가를 받을 수 있다. 창업한다고 기존 회사와 연을 끊지 말고 상생할 수 있는 길을 찾아보자.

창업 평가 시에는 창업 아이템도 중요하지만 대표자의 역량도 매우 중요하다. 아이템이 아무리 좋아도 대표의 역량이 부족하다면 그 사업을 성공시키기가 쉽지 않다. 따라서 좋은 아이디어만큼 대표자의 역량을 갖추는 것이 필요하다.

회사에서는 직원 역량 강화를 위한 다양한 프로그램을 운영한다. 내부·외부 교육을 비롯해 아이디어 공모전 등 다양한 기회가 있으니 창업에 필요한 내용을 골라 미리 교육을 받아두면 좋다. 또한 창업 과제는 대부분 1인이 아닌 팀 단위로 지원을 받는다. 사내에서 마음이 맞는 사람과 팀을 구성하여 미리 준비하는 것도 좋은 방법이다. 또 사

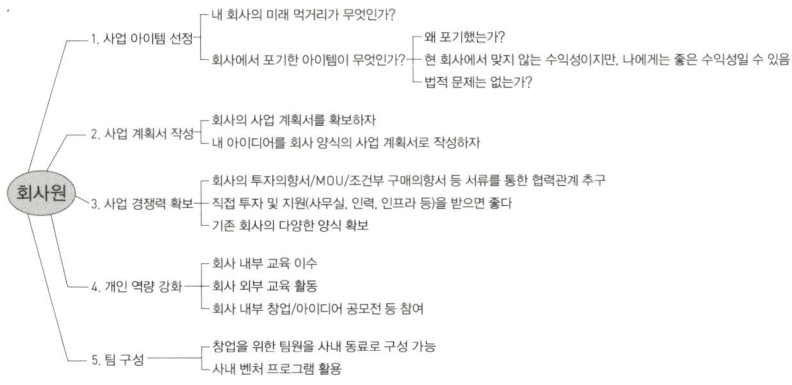

내 창업 프로그램이 갖춰져 있다면 활용하도록 하자.

학생

대학생 혹은 대학원생이라면 대학교를 최대한 활용하자. 대학생만을 위한 창업 아이디어 공모전이나 프로그램이 많다. 대학교 자체 공모전과 교육 프로그램도 있다. 참가 자격에 제한이 있으므로 경쟁도 상대적으로 덜 치열하다. 또 일반인과 경쟁하는 것이 아니므로 사업계획서의 완성도보다는 아이디어의 창의성을 더 중점적으로 평가하기 때문에 일반 창업 과제에 비하여 수월하다.

많은 대학교에서 산학협력단을 운영하고 있다. 산학협력단은 산업체와 학교 간 협력을 위한 단체다. 특히 각 대학교 출신의 고용 창출과 창업을 위해 많은 지원을 해준다. 지원 규모가 정부 과제에 비하여 작을 수는 있으나, 경쟁이 치열한 정부 과제보다는 경쟁이 덜한 대학교 내 산학협력단에서 시작하는 것도 좋은 방법이 된다.

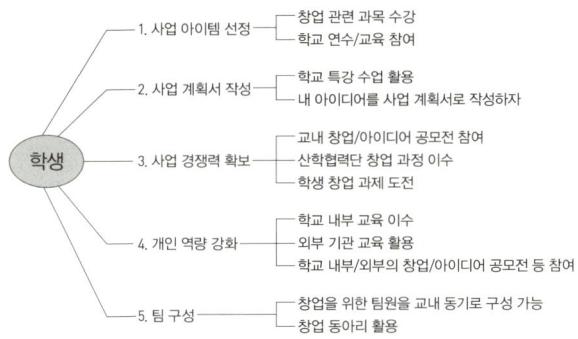

예비 창업인

회사원도 아니고 학생도 아니라면 회사나 학교에서 공부하거나 지원 받을 만한 것이 없다. 그만큼 더 많이 노력해야 한다. 무엇보다 모든 것을 스스로 알아서 해야 하는 것이 어렵다. 예비 창업인은 먼저 자기자신을 관리하는 것부터 시작이다. 처음에는 의욕적으로 시작하지만 시간이 흐르고 하나 둘 되는 일이 없다고 느끼는 순간, 슬럼프가 찾아온다. 이런 슬럼프를 극복하는 것이 굉장히 어렵다. 따라서 창업을 위해서 팀을 구성하는 것이 좋다. 팀원이 있다면 적당히 긴장감을 유지할 수도 있고 슬럼프가 와도 서로 의지하고 극복할 수 있다. 또 정부 창업 과제가 대부분 팀 단위로 지원하게 되어 있으므로 팀 구성을 추천한다.

예비 창업인은 회사원이나 학생보다 시간적으로 자유롭다는 장점이 있다. 정부 혹은 지방자치 단체 등에서 무료로 진행하는 창업 혹은 R&D 교육은 대부분 평일에 있다. 이런 것들을 이수하여 인정 받을

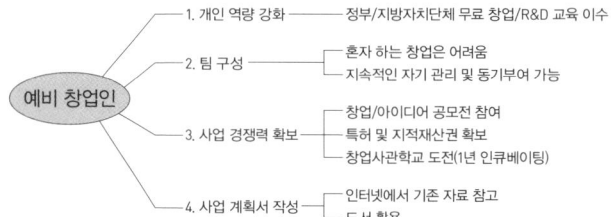

수 있는 가산점을 챙기자. 또 창업사관학교처럼 장기간 진행하는 프로그램에 참여할 수도 있다.

　창업자가 경력 단절 여성이거나 장애인이라면 조건에 해당하는 창업 과제를 이용하는 것이 좋다. 일반인 참여 또는 가산을 제한하거나 나에게 해당하는 조건으로 가산점을 받을 수도 있다.

창업 과제를
어떻게 찾아야 하는가?

온라인(인터넷) 활용

정부 창업 과제는 다양한 정부 기관과 그 산하 기관이 주체가 되어 진행한다. 따라서 각 기관 홈페이지에 공고한다. 이 모든 기관의 홈페이지를 모니터링하기는 결코 쉽지 않다. 창업에 관련된 정부 과제를 모아놓은 대표적인 사이트 몇 군데를 주기적으로 확인하자.

창업마당

K-Startup: www.k-startup.go.kr

K-Startup(구 창업넷)은 창업 교육, 시설/공간, 멘토링/컨설팅, 사업화, 정책 자금, R&D, 판로/해외 진출, 행사/네트워크(인맥)에 대한 다양한 정보와 프로그램을 제공한다. 대부분 무료이며 정부 과제로 창업하는 데 필요한 내용 대부분을 포함하고 있다. 반드시 모니터링을

해야 하는 사이트다. 특히 온라인 창업 강좌와 창업 길라잡이는 필독하도록 하자.

기업마당

Biz-Info: www.bizinfo.go.kr

중소기업청에서 운영하는 중소기업 종합지원 대표 사이트로서 복잡하고 찾기 어려운 중소기업 지원 사업 정보를 한곳에 모아 서비스를 제공한다. 그리고 중소기업의 길잡이로서 기업에 유용한 교육·세미나·전시회, 중소기업 정책 뉴스, 입주기업 모집 공고 등 중소기업인을 위한 다양한 콘텐츠를 제공한다. 상담센터를 운영하고 있으므로 궁금한 것을 물어볼 수 있으며, 전문 상담이 필요한 경우, 전문가를 연계시켜준다.

창업진흥원

www.kised.or.kr

창업 교육, 시설/공간, 멘토링/컨설팅, 사업화, 정책 자금, R&D, 판로/해외 진출, 행사/네트워크(인맥)에 대한 다양한 정보와 프로그램을 제공한다. 또 '중소기업 CEO가 즐겨 찾는 정책 100선: 내 손 안의 정책 가이드북'을 제작하여 배포한다.

이지비즈

egbiz: www.egbiz.or.kr

경기도 지방중소기업청에서 운영하는 경기도 중소기업 종합 지원 대표 사이트다. 복잡하고 찾기 어려운 중소기업 지원 사업 정보를 한 곳에 모아 서비스를 제공한다. 중소기업 길잡이로서 기업에 유용한 교육·세미나·전시회, 중소기업 정책 뉴스, 입주 기업 모집 공고 등 중소기업인을 위한 다양한 콘텐츠를 제공한다. 상담센터를 운영하고 있으므로 궁금한 것을 물어볼 수 있고, 전문 상담이 필요하면 전문가를 연계시켜준다. 경기도에서 창업할 생각이라면 이 사이트에서 많은 정보를 쉽게 얻을 수 있다.

오프라인 활용

기관 방문

창업 지원을 위한 다양한 기관들이 있다. 대표적으로 전국 17개 지역에 창조경제혁신센터가 있으며, 각 지역별로 지방중소기업청이 있다. 또 많은 4년제 대학교에서 창업보육센터를 운영하고 있다. 자신이 사는 지역과 가까운 곳에 있는 창업지원센터를 방문해보자. 정부에서 창업을 적극 장려하고 있는 상황이라 창업 성과를 내야 하는 각 기관들에게 환영을 받을 것이다.

인맥 활용

낯선 사람이나 기관을 찾아가 도움을 부탁하는 일이 쉽지는 않다. 그렇다면 대학교 교수님이나 창업 관련 기관 지인들을 찾아가 보자. 자신의 제자가 와서 도움을 청하면 대부분 도와줄 것이다. 또 교수 자신의 성과로 이어질 수도 있다. 비록 잘 모르는 사이더라도 기본적으로 우호적인 태도를 보일 것이다.

공개 설명회

연말이나 연초가 되면 창업과 관련한 공개 설명회가 많이 열린다. 이런 공개 설명회에 찾아가 창업이 어떤 것이고 자신에게 맞는 창업 형태가 어떤 것이지 알아보자. 대부분의 설명회에서는 간단한 상담을 같이 진행한다. 여기서 궁금한 점이나 잘 알려지지 않은 정보들을 얻을 수 있다.

정부 창업 사업화 과제는
어떤 것이 있는가?

사업화 과제는 간단하게 말하자면 정부 지원금을 받아 창업하는 과제다. 대부분 인큐베이팅을 위하여 6~12개월 동안 진행한다. 이 기간 동안 교육, 외부 전문가 교육, 상담, 워크숍 등 다양한 교육이 이루어진다. 또한 자금을 일시금으로 지원하지 않고 위탁 기관을 두어 사업 성과에 따라 차등 지원한다. 정부 지원금에 법적 문제가 많이 발생하다 보니 근래에는 창업자에게 지원금을 직접 내주지 않는다. 사용 목적과 사용처, 금액 등을 위탁 기관에 보고하면, 결제를 받아 위탁 기관이 대납해주는 형태로 진행한다.

다양한 기관에서 다양한 종류의 사업화 과제가 이루어지고 있는데, 그중 대표적인 과제를 알아보자. 물론 이 과제 이외에도 많은 과제가 존재한다.

창업 성공 패키지(청년창업사관학교)

http://start.sbc.or.kr

'청년창업사관학교'는 청년 기술 창업 활성화, 청년 일자리 창출, 중기 CEO 고령화 해결을 위해 설립되었다. 창업 초기 불확실성을 해소시켜줄 정부 시책 원스톱One-Stop 연계 지원 제도다.

지원 대상은 만 39세 이하로 창업을 준비 중인 예비 창업자(팀) 또는 창업 3년 이내의 창업 기업 대표다. 최종 입교자는 1차 서면평가, 2차 심층평가(프레젠테이션 발표)를 거쳐 선정한다. 약 450명 내외(2017년 기준)의 청년 창업자들에게 창업 공간이 제공된다. 전문가들의 일대일 전담 코칭을 받아 창업 계획을 수립하고, 시제품 제작, 양산, 판로 개척 등 창업 전 과정에서 발생되는 문제를 해결하는 양성 과정을 거치게 된다.

총 사업비의 70%, 연간 최대 1억 원 이내의 창업 활동비와 기술 개발비, 시제품 제작비, 마케팅비 등 단계별로 사업비가 지원된다. 창업 교육과 마케팅 등의 연계 지원도 제공된다. 30% 이상은 자가 부담이다. 지원 분야는 고용 및 부가가치 창출이 높은 기술 집약 업종(제조업 또는 지식서비스업)이다. 2년 과정은 최대 2억 원까지 지원 받을 수 있다. 졸업한 4, 5, 6기는 추가 과정에 지원할 수도 있다.

지역별 사관학교의 선발 규모는 132쪽 표와 같다. 입소는 청년창업사관학교에 마련된 창업 공간에 사무실 형태로 입주하여 출퇴근하며 근무하는 것이다. 준입소는 청년창업사관학교의 창업 공간에 사무실 형태로 입주하지 않는 대신, 자체 사업장에서 창업 활동을 수행

구분	대상	지원 기간		사업화 지원금
		1년	2년	
1년 과정	1년 이내 사업화가 가능한 창업 과제 수행자(팀)	■		1억 원 이내
2년 과정	개발이 장기간 소요되는 고급 기술 창업 과제 수행 팀	■	■	2억 원 이내
추가 과정	청년창업사관학교를 졸업(4, 5, 6기)한 추가 사업화 과제 추진 기업		■	1억 원 이내

하되 사관학교에서 별도로 정하는 기준에 따라 공동 사무 공간에 주 1회 이상의 출근 의무가 부여된다.

신청 지역은 기창업자라면 현 사업장 소재지로 해야 한다. 예비 창업자라면 창업 활동을 할 예정에 있는 소재지를 기준으로 구분하며 신청 이후에는 사관학교 변경이 불가하다.

예비 창업 팀은 대표 1인과 만 39세 이하의 팀원을 포함한 총 4인 이내로 구성한다. 사업 참여 이후에는 대표자 변경이 불가하다. 단, 2년 과정은 고급 기술 창업에 해당되며, 제조업을 영위(하고자)하는 예비 창업 팀 및 창업자가 지원 가능하다. 단, 기술 경력 보유 대표자는 만 49세까지 지원이 가능하다.

> 가. 고등학교 졸업자로서 10년 이상 해당 분야 경력 소지자
> 나. 전문대학 졸업자로서 7년 이상 해당 분야 경력 소지자
> 다. 학사학위 소지자로서 5년 이상 해당 분야 경력 소지자
> 라. 석사학위 소지자로서 3년 이상 해당 분야 경력 소지자
> 마. 기타 이와 동등한 경력이 있다고 인정되는 자(박사·기술사·기능장 등)

지역별 사관학교(위치)	사업장 소재지	입교 형태	선발 규모[명(팀)]		
			1년과정	2년과정	추가 과정
청년창업사관학교 (안산)	서울·경기·인천·강원	입소	104	15	-
		준입소	24	8	42
충청 청년창업사관학교 (천안)	충북·대전·충남·세종	입소	36	5	-
		준입소	15	2	12
호남 청년창업사관학교 (광주)	전북·광주·전남·제주	입소	29	4	-
		준입소	21	3	12
대구·경북 청년창업 사관학교(경산)	대구·경북	입소	25	3	-
		준입소	18	3	10
부산·경남 청년창업 사관학교(창원)	부산·경남·울산	입소	26	4	-
		준입소	17	2	10

- 문의처: 중소기업청 창업진흥과(042-481-3991, 4409), 중소기업진흥공단 창업기술처(055-751-9838)

스마트 벤처 창업 학교

www.svik.or.kr

앱, 콘텐츠, 소프트웨어 융합 등 유망 지식서비스 분야 전문 기업 육성을 위해 전국 4개 스마트벤처창업학교(서울, 대구, 광주, 부산)에서 창업 전 단계를 집중 지원한다. 총 지원 규모는 약 122억 원이며 최대 1억 원을 총 140개 팀 내외로 지원할 예정이다(2017년 기준).

지원 대상은 콘텐츠, 소프트웨어 융합 등 유망 지식서비스 분야 의 창업 및 사업화를 희망하는 만 39세 이하의 예비 창업자(팀) 또는

3년 이내 창업 기업이다.

사무실 등 인프라, 창업 일반·전문 개발 교육, 멘토링, 사업화 지원금으로 최대 1억 원을 총 사업비의 70% 한도 내에서 지원한다. 사업화 지원금으로는 개발비, 기술정보 활동비, 마케팅비 등을 사용할 수 있으며, 선정된 청년 창업자(팀)는 총 사업비의 30%를 부담(현금 10% 이상, 현물 20% 이하)해야 한다.

24시간 개방형으로 창업 팀별 개발실 공간과 장비도 지원한다. 필수 소프트웨어도 무료로 지원한다. 기숙사 및 수면실, 회의실, 샤워실, 휴게실 등 편의시설을 갖추고 있다. 1인 기준 월 30만 원, 팀 기준 월 50만 원의 창업 활동비를 지원한다.

- 문의처: 중소기업청 지식서비스창업과(042-481-4580), 창업진흥원 스마트창업부(042-480-4396, 4397)

선도 벤처 연계 기술 창업

http://biz.k-startup.go.kr

예비 창업자의 성공적인 창업을 위해 선도 벤처기업의 인프라 활용, 성공 노하우 전수, 상호 협력 비즈니스를 지원한다. 총 지원 규모 70억 원으로, 78개 내외 과제를 지원한다(2017년 기준). 지원 대상은 2인 이상의 예비 창업 팀 및 3년 미만 창업 기업이다.

창업 전반에 필요한 인프라 구축, 교육·컨설팅, 사업 아이템 개발 및 마케팅 비용 등을 지원한다. 선도 벤처의 직접 투자 및 구매·아웃소싱, VC 유치, 해외 마케팅 등 협력 비즈니스 연계도 지원한다.

- 문의처: 중소기업청 벤처정책과(042-481-4423), 창업진흥원 (042-480-4346)

창업 선도 대학 육성

www.kised.or.kr

우수 창업 인프라 및 역량을 보유한 대학을 창업 선도 대학으로 지정, '교육 → 사업화 → 후속 지원'에 이르는 창업 전 과정을 일괄 지원한다. 총 지원 규모는 922억 원이며, 40개 대학교, 약 1,050개 창업 팀에 지원한다.

창업 아이템 사업화는 제조 및 지식서비스 분야 예비 창업자 및 창업 3년 미만 기업에 지원한다. 실전 창업 교육 및 자율·특화 프로그램은 대학생, 대학원생 및 일반인이 대상이다.

창업 아이템 사업화는 시제품 개발, 지재권 출원·등록, 마케팅 활동 등 창업 사업화에 소요되는 자금을 최대 1억 원까지 지원한다. 후속 지원으로 창업 아이템 사업화에 참여한 기업 중 우수 창업자를 대상으로 성능 개선, 홍보·마케팅 등 사업 고도화 자금으로 최대 3천만 원을 추가 지원한다.

실전 창업 교육 및 자율·특화 프로그램은 대학생 및 일반인 실전 창업 교육, 창업 한마당 축제, 지역 창업 경진대회 등 대학별 자율·특화 프로그램으로 운영한다.

- 문의처: 중소기업청 창업진흥과(042-481-4462), 창업진흥원 대학창업부(042-480-4353~9)

여성 벤처 창업 케어 프로그램

www.kovwa.or.kr

여성 벤처 창업 CEO 양성 플랫폼을 통해 여성 벤처 CEO를 꿈꾸는 예비 창업자의 창업 성공률 제고를 위한 과제다. 총 지원 규모는 5억 원으로 약 60명 내외의 여성에게만 지원한다. 아이디어 개발을 위한 비즈 플랜 캠프, 전문 창업 교육 및 선배 CEO 밀착 코칭, 사업화 과제 해결 등에 최대 5백만 원을 지원한다.

• 문의처: 중소기업청 벤처정책과(042-481-8938), (사)한국여성벤처협회 (02-3440-7469)

장애인 기업 시제품 제작 지원

www.debc.or.kr

초기 단계 기술개발 비용(제품 디자인, 시제품 제작) 지원을 통해 유망한 아이디어의 상품화 지원 및 자생적 경쟁력 강화를 위한 과제다. 지원 규모는 총 4.7억 원(제품 디자인 및 시제품 모형 12개, 시제품 금형 10과제)이다. 지원 대상은 장애인 예비 창업자 또는 장애인기업확인서를 발급 받은 장애인 기업만 가능하다.

제품 디자인 및 시제품 제작비로 총 사업비의 80% 이내에서 최대 2천 5백만 원 이내로 지원한다. 제품 디자인 및 시제품 모형 제작은 최대 1천만 원, 시제품 금형은 최대 2천 5백만 원 이내에서 지원한다. 추가 개발 비용 및 제작 비용, 사후 환급이 가능한 부가가치세 및 관세는 선정 기업이 부담하며, 선정 기업은 총 사업비의 20% 이상을 현금으로 부담한다.

- 문의처: 중소기업청 소상공인정책과(042-481-3950), 장애인기업종합지원센터 사업0팀(02-2181-6520, 6530)

사회적 기업가 육성 사업

www.socialenterprise.or.kr

사회적 기업가로서의 자질과 혁신적인 사회적 기업 창업 아이디어를 보유한 창업자(팀)를 선발, 사회적 기업 창업의 전 과정을 지원한다. 지원 규모는 150억 원이며 약 500개 팀을 지원한다. 지원 대상은 사회적 기업 창업을 준비하고 있는 예비 창업자(팀) 또는 창업 1년 미만의 기업이다.

창업 활동에 필요한 업무 공간 및 기본 사무집기를 지원하고, 교육비, 운영 경비, 사업 모델 개발비 등 창업 비용 전반을 지원한다. 창업 멘토링으로 담임 멘토·전문 멘토를 통한 상시 창업·경영 상담 및 자문을 지원한다. 사회적 기업 창업 관련 교육프로그램과 네트워크 및 외부 자원 연계 등 사후 지원 프로그램을 제공한다.

- 문의처: 고용노동부 사회적기업과(044-202-7430), 한국사회적기업진흥원 창업 지원팀(031-697-7711~8)

창업 발전소 스타트업 육성 지원

www.kocca.kr

우수 아이디어를 보유한 콘텐츠 특화 초기 창업 기업을 육성하고 지원한다. 지원 규모는 총 15억 원으로 콘텐츠 분야 스타트업 25개사 내외를 지원한다. 지원 대상은 콘텐츠 분야 예비 창업자(팀) 및 창업 3년 미만의 기업이다. 창업 초기에 필요한 사업화 자금, 입주 공간, 홍보·마케팅 등을 지원한다.

구 분	세부 내용	비고
창업 자금	• 창작비 등 사업화 자금 지원	
입주비	• 입주 공간 또는 입주비 지원(임대료, 관리비 포함)	콘텐츠 코리아 랩 내 스타트업 오피스
홍보·마케팅	• 온·오프라인 언론 홍보 지원 • 홍보 영상 및 브로셔 등 홍보물 제작 지원	
투자·융자	• 엔젤 투자자 대상 피칭 기회 제공 • 저리 융자 지원 등	한국엔젤투자협회 및 IBK기업은행 연계

• 문의처: 문화체육관광부 문화산업정책과(044-203-2423), 한국콘텐츠진흥원 CKL 사업기획팀(02-2161-0036)

관광 벤처 사업 발굴 및 지원

www.tourventure.or.kr

기존 관광산업과 연계한 창의성, 혁신성, 개방성, 기술성 등을 기반으로 새로운 가치와 시너지를 창출하는 관광형 벤처 기업 발굴 및 육성을 통해 관광 분야에서 일자리를 창출하고 관광산업 경쟁력 제고를 높이기 위한 과제다. 지원 규모는 총 22억 원으로 공모전 당선 사업을 대상으로 하며, 사업화 자금, 관광 특화 교육, 컨설팅, 홍보·마케팅, 투자 유치, 판로 개척 등을 지원한다. 지원 대상은 예비 창업자 또는 창업 3년 미만 기업, 창업 3년 이상 관광 관련 중소기업이다.

관광 벤처 사업 공모전 선정 사업을 대상으로 사업(활성)화 자금을 지원하고 창업 역량 제고를 위한 체계적 교육을 운영한다. 재무·회계·법률·투자 유치 등 종합 컨설팅 서비스 등과 국내외 인지도 제고를 위한 홍보 마케팅, 판로 개척 등을 지원한다.

- 문의처: 문화체육관광부 관광산업과(044-203-2829), 한국관광공사 관광벤처팀(02-729-9461~4)

기술가치 평가 지원

www.fact.or.kr

농식품 벤처 기업 보유 우수 기술 및 품종에 대한 기술 평가를 통해 투자·융자 자금 지원을 받을 수 있는 여건 마련 및 사업화 촉진을 위한 과제다. 지원 규모는 총 2.4억 원으로 30개 기술 내외에 지원한다.

지원 대상은 우수 기술(특허권, 품종보호권 등 지식재산권)을 보유하는 농식품 분야 벤처·창업 기업과 농식품 분야 국가 R&D 기술을 이전 받은 중소기업이다.

등록 특허(전용실시권 포함), 실용신안권, 출원중특허 및 품종보호권을 보유한 선정 업체에 기술가치 평가로 지원하며, 기술성, 권리성, 시장성, 사업성 분석 및 가치 산정을 지원한다.

- 문의처: 농림축산식품부 과학기술정책과(044-201-2453), 농업기술실용화재단기술평가팀(031-8012-7382)

'K-Global Startup' 스마트 디바이스

www.iitp.kr

스마트 디바이스 분야의 창의적 아이디어 발굴과 기술·디자인·비즈니스 등 시제품 개발 지원, 교육 프로그램 운영 등을 통해 창업과 벤처 기업을 육성하고 창작 문화 확산 추진을 위한 과제다. 스마트 디바이스란 기존 컴퓨터나 스마트폰 등 단말기(디바이스)를 넘어 사물인터넷IoT 환경에서 정보통신 서비스를 이용자 간·사물 간 전달하는 지능화된 단말을 포괄적으로 지칭한다. 지원 규모는 총 14억 원으로 공모전 20팀, 제품화 200건, 문화 확산 20~40명에게 지원한다. 지원 대상은 스마트 디바이스 분야 중소, 벤처, 창업 기업 및 예비 창업자, 학생 등이다.

공모전에 입상한 팀에게 미래부 장관상 및 유관 기관상과 상금 수여, 본선 진출작 대상으로는 시작품 개발 지원 등을 지원한다. 제품화로 창작 공간 및 장비 지원, 제품 기획, 디자인, 제품 설계·PCB 제작, 외관 제작, 시험 인증 컨설팅 및 필드 테스트 등 시제품 제작을 지원한다. 문화 확산으로는 스마트 디바이스 제작을 위한 디자인·기술·비즈니스 등 수요자 기반의 실습 중심 전문 교육 프로그램을 지원한다.

- 문의처: 미래창조과학부 정보통신산업과(02-2110-2939), 정보통신기술진흥센터 전략산업팀(031-776-4712)

K-Global 스마트 미디어

www.smcenter.kr/program/camp.asp

소·벤처의 신규 스마트 미디어 서비스 아이디어 개발 및 상용화를 지원한다. 지원 규모는 총 7억 원으로 10개 과제에 각 7천만 원을 지원한다. 지원 대상은 신규 스마트 미디어 서비스 아이디어를 가진 중소·벤처 개발사, 1인 창조 기업 등이다. 중소·벤처와 플랫폼 사가 함께 모이는 스마트 미디어X 캠프를 개최하여, 중소·벤처에 아이디어 발표 및 플랫폼 사와의 상용화 매칭 기회를 제공한다. 참가자 중 우수 중소·벤처를 선정하여 서비스 개발 및 상용화 자금 지원 등을 지원한다.

- 문의처: 미래창조과학부 디지털방송정책과(02-2110-1874), 한국방송통신전파진흥원 미디어산업진흥부(02-3151-0742)

K-Global DB-Stars

www.dbstars.or.kr

데이터 활용에 핵심 가치를 둔 우수 스타트업을 발굴·육성하여, 글로벌 경쟁력을 갖춘 혁신 기업으로 성장하도록 지원한다. 지원 규모는 총 4.5억 원으로 12팀에게 돌아간다. 지원 대상은 데이터 활용 비즈니스 모델을 보유한 연 매출 5억 원 미만의 중소 스타트업과 개인 개발자 등이다. 지원금으로 사업 수행을 위한 개발비 및 사업화 자금을 지원한다.

데이터 특화 컨설팅으로 보유한 데이터 가치를 극대화하여, 비즈니스 적용 및 성과 창출이 가능한 현장 방문 컨설팅을 지원한다. 또 교육·멘토링·네트워킹으로 사업화에 필수적인 데이터 활용 교육 및 분야별 전문가 멘토링, 각종 네트워킹 행사 등도 지원한다.

데모데이로 후속 투자 유치 확대를 위해 국내 유명 VC·엑셀러레이터와 연계한 데이터 스타트업 통합 데모데이 행사도 개최한다.

- 문의처: 미래창조과학부융합신산업과(02-2110-2849), 한국데이터진흥원 유통사업실(02-3708-5401)

K-Global 클라우드 기반 소프트웨어 개발 환경 지원

www.cloud.or.kr

개인 개발자, 스타트업 및 벤처 기업 등 소프트웨어 창업 및 시장 진출을 위한 기획·설계, 소프트웨어 개발 환경 제공, 시범 서비스, 사업화·해외 마켓 플레이스 등록 지원 등 원스톱 창업 지원 서비스를 제공한다. 지원 규모는 약 4억 원으로 소프트웨어 개발 기업에 지원한다. 지원 대상은 클라우드 기반 SW 개발 환경을 활용하여 SW(App, SaaS, WEB 서비스 등)를 개발하고 상용화하려는 의지가 있는 예비 창업자 및 3년 미만의 스타트업 기업이다.

클라우드 환경에서 비용 부담 없이 빠르게 SW를 개발할 수 있도록 SW 개발 환경을 제공(기업 5개 개발 환경, 개인 3개 개발 환경)한다. 국내외 시장 진출을 위하여 개발한 SW를 클라우드 환경에서 시범 서비스하는 테스트 베드로 기업당 5개의 가상 머신$_{VM}$을 제공한다.

- 문의처: 미래창조과학부 SW진흥과(02-2110-1845), 정보통신산업진흥원 클라우드산업기반팀(043-931-5410~1)

K-Global Startup IoT 신제품 개발 지원 사업

www.nipa.kr

사물인터넷IoT 분야의 창의적 신제품 아이디어를 가진 재직자와 예비 창업자·스타트업 등에게 개발에 필요한 제작비와 DIY 개발 환경(K-ICT 디바이스랩) 이용 등 팀 단위로 지원해 창업 및 사업화를 하기 위한 과제다. 지원 규모는 총 3.6억 원으로 팀당 최대 2천만 원을 지원한다. 지원 대상은 구체적인 사업 아이디어를 보유한 1인 창조 기업, 재직자·예비 창업자 등이다.

개발 지원으로 IoT 신제품·서비스 개발에 필요한 키트, 계측기, 협업 공간 등 DIY 개발 환경, 모델링부터 3D 프린팅까지 시제품 제작 기술 지원, 팀 단위 과제 수행을 위한 재료비·운영비 제공, 전시회 참가 등 간접 홍보 등이 있다.

- 문의처: 미래창조과학부 융합신산업과(02-2110-2845), 정보통신산업진흥원 3D프린팅산업진흥팀(031-5171-5903)

정부 창업 시설·공간 지원 과제에는 어떤 것이 있는가?

　시설·공간 지원 과제는 창업에 필요한 사무실과 시설 등을 지원 받는 과제이다. 대표적 지원으로는 창업보육센터 및 비즈니스센터 등 사무실을 무상 혹은 시중보다 적은 금액으로 임대해주는 것이다. 입주 최대 기간이 설정되어 있으며 보통 1~2회 연장이 가능하다. 입주 시에 사업 계획서를 근거로 평가를 받는다.

　이런 시설·공간에 입주할 경우, 사업화 과제 시 가산점을 받을 수 있다. 또 이런 시설·공간에 입주한 예비 창업 기업만을 위한 과제도 있다. 이런 과제는 잘 알려져 있지 않은 데다 지원 자격이 제한되어 있으므로 경쟁률이 낮다. 점포 임대를 위한 보증금이나 임대료를 지원해주는 과제도 있다.

　다양한 기관에서 다양한 종류의 시설·공간 지원 과제를 지원하고 있는데, 이 중에서도 대표적인 과제를 알아보자. 이 과제 이외에도 많은 과제가 존재한다.

크리에이티브 팩토리 지원 사업

www.kised.or.kr

(예비) 창업자의 우수한 아이디어·기술의 신속한 사업화를 위해 아이디어 기획부터 시장 진출까지 사업화 단계별로 맞춤 지원을 제공한다. 지원 규모는 총 80억 원으로 경북대학교, 서울대학교, 아주대학교에서 지원한다. 지원 대상은 예비 창업자 및 7년 이내 창업 기업이다. 아래와 같이 사업화 단계별에 맞춰 최대 1억 원을 지원한다. 전문가 멘토링, 교육, 시제품 제작, 마케팅 등은 상시 지원한다.

1단계(아이디어 기획)	기술·경영 멘토비, 교육비 등
2단계(설계/디자인)	설계 및 디자인, 목업 제작비 등
3단계(개발/구현)	인건비, 시제품 제작비, 기자재 임차비 등
4단계(시장 진출)	전시회 참가비, 기타 마케팅비 등

- 문의처: 중소기업청 창업진흥과(042-481-4413), 창업진흥원 대학창업부(042-480-4354, 4355)

시제품 제작터 운영

(예비) 창업자의 창업 아이템을 '디자인 → 설계 → 모형 제작'까지 일괄 지원하기 위해 시제품 제작터를 5개 지방중소기업청(경기청, 대구경북청, 광주전남청, 부산청, 전북청)에 구축·운영한다. 지원 대상은 예비 창업자 및 중소기업이다.

전문가 서비스로 시제품 개발에 대한 상담, 제품 디자인, 제품 설계, 3차원 측정 및 역설계, 시제품 제작 등 분야별 전문가가 제품 디자인 개발부터 시제품 제작까지 직접 지원하는 것이 특징이다. 셀프 제작 서비스로 예비 창업자 또는 중소기업 등이 자신의 아이디어를 스스로 직접 구현할 수 있도록 장비·공구, 제작 공간, 단순 자문 등을 제공한다.

- 문의처: 경기지방중소기업청(031-201-6854), 대구경북중소기업청(053-659-2506), 광주전남중소기업청(062-360-9156), 부산중소기업청(051-601-5144), 전북중소기업청(063-210-6455)

1인 창조 기업 비즈니스 센터

www.kised.or.kr

우수한 아이템을 보유한 1인 창조 기업에게 사무 공간 및 법률·세무·마케팅 등 경영 지원을 통해 지속적으로 성장할 수 있도록 지원한다. 지원 규모는 총 66억 원이다. 1인 창조 기업 육성에 관한 법률 제2조에 해당하는 1인 창조 기업 또는 1인 창조 기업 분야 예비 창업자를 대상으로 한다.

사무 공간으로 입주 공간, 회의실, 상담실 등 비즈니스 공간을 지원한다. 경영 지원으로 세무·회계·법률·창업·마케팅 관련 전문가 상담 및 교육 등을 지원한다. 시설 이용으로 팩스, 프린터, 컴퓨터 등 사무용 집기 이용을 지원한다.

- 문의처: 중소기업청 지식서비스창업과(042-481-4553), 창업진흥원 지식서비스창

업무(042-480-4381, 4383)

장애인 창업 보육실 운영

www.debc.or.kr

장애인 특화 창업보육센터 운영을 통해 장애인 기업 및 예비 창업자의 안정적인 성공 창업을 지원한다. 지원 규모는 총 6.5억 원으로 전국 16개 지역 센터, 138개 창업 보육실, 2개 창업 준비실을 지원한다. 장애인 예비 창업자 및 창업 초기(3년 미만) 장애인 기업을 대상으로 한다.

사무 편의를 위한 사무기기 및 집기류(책상, 복사기, 팩스 등), 인터넷 전용선, 기업경쟁력 강화를 위한 교육, 판로 등을 지원한다. 지식재산권 출원, 입찰 정보, 자금 조달 지원 등도 이루어진다. 입주 기업 인프라 및 네트워크 구축(기업 CEO 및 지역 지원 유관 기관)을 지원하고, 서울 및 지역센터 창업 보육실 워크숍을 연간 1회 개최한다. 장애인 편의 시설(전용 주차장, 장애인 시설 화장실, 보행통로, 자동문 등)을 완비하고 있다.

- 문의처: 중소기업청 소상공인정책과(042-481-3950), (재)장애인기업종합지원센터 수도권역(02-2181-6535)

장애인 창업 점포 지원

www.debc.or.kr

창업 역량을 갖춘 장애인 예비 창업자에게 임차 사업장(최장 5년),

시설 비용 및 컨설팅을 종합적으로 지원한다. 지원 규모는 총 28.6억 원으로 장애인 예비 창업자 30명을 지원하는데, 센터에서 운영하는 창업 교육, CEO 경영혁신교육과정을 이수한 장애인 예비 창업자를 대상으로 한다.

점포 전세 보증금 업체당 1억 원 한도 내에서 지원하며 점포 계약 전부터 분야별 맞춤 컨설팅, 상권 분석 및 사후관리 컨설팅을 지원한다. 시설 비용은 업체당 1천만 원 한도에서(자부담 20%) 지원한다.

• 문의처: 중소기업청 소상공인정책과(042-481-3950), (재)장애인기업종합지원센터 수도권역(02-2181-6535)

K-Global 빅데이터 스타트업 지원

http://kbig.kr

K-ICT 빅데이터 센터의 대용량 분석 인프라와 기술 노하우를 바탕으로 빅데이터 창업 및 사업화를 지원하고 빅데이터 분석 인프라 및 기술 멘토링, 교육 등을 제공한다. 지원 규모는 총 8.4억 원으로, 빅데이터를 기반으로 하는 예비 창업자와 신규 비즈니스를 개발하는 스타트업 등을 대상으로 한다. 창업을 위해 개발한 서비스 운영에 필요한 서버 및 기술 코칭을 지원하기 위한 예산으로 기술 교육, 인프라, 작업 공간, 기술 멘토링, 운영 서버 등을 제공하는 간접 지원 형태다.

스타트업의 빅데이터 스킬을 높이기 위한 실무 중심 교육(분석, 인프라 구축·운영 기술 등) 형태의 기술 교육을 제공한다. 대용량 데이터 분석 및 서비스 제공을 위한 API, APP, WEB 등 개발에 필요한 인프라를 제공한다. K-ICT 빅데이터 센터 오픈랩을 활용하여 스타트업이 일정 기간 활용할 수 있는 작업 공간을 지원한다. 빅데이터 사업화 과정에서 겪는 애로사항에 대한 전문가 기술 자문을 제공하며, 개발 결과를 일정 기간 서비스할 수 있는 상용 클라우드 기반 서버(웹 서버, DB, WAS 서버 등)를 제공한다.

- 문의처: 한국정보화진흥원 빅데이터센터(053-230-1784)

정부 창업 교육 과제에는 어떤 것이 있는가?

교육 지원 과제는 창업 교육, 상담, 멘토링, 네트워킹 등을 지원하는 과제다. 직접 사업 자금을 지원하는 것이 아니라 교육 등을 통한 간접 지원 형태다. 사업화 지원 과제 이전 단계로 보면 된다. 교육 지원 과제를 이수한 이력 또는 수료증은 많은 창업 사업화 과제에서 가산점으로 인정 받을 수 있다.

다양한 기관에서 다양한 종류의 교육 지원 과제를 실시하고 있는데, 그중 대표적인 과제를 소개한다. 이 과제 이외에도 많은 과제가 존재한다.

창업 아카데미

http://www.kised.or.kr

대학생들에게는 창업 강좌 및 창업 동아리를, 일반인과 예비 창업자에게는 실전 창업 교육과 성공 CEO의 멘토링 및 네트워킹을 제공한다. 창업 아카데미를 통해 예비 창업자는 창업 교육과 현장 실습을 경험하면서, 창업에 필요한 각종 정보를 습득하고 창업 역량을 개발할 수 있다.

창업 아카데미는 크게 대학생 창업 아카데미와 일반인 창업 아카데미로 나뉜다. 대학생 창업 아카데미는 고등교육법 제2조에 의한 대학 또는 특정 연구 기관 육성법 제2조에 해당하는 기관 중 교육 기능을 수행하는 기관을 대상으로 한다. 학점 인정형 실전 창업 강좌, 창업 동아리, 창업 캠프 개최 등을 지원한다.

일반인 창업 아카데미는 창업 교육 역량 및 인프라를 보유하고 전문 멘토를 확보한 대학, 연구·공공·민간 기관을 대상으로 한다. 주요 업종별 및 단계별 창업 교육과 멘토링을 지원하며, 네트워킹 구축을 지원한다.

일반인 창업 아카데미는 경쟁력 있는 창업자를 발굴하고 육성하기 위해 일반인·예비 창업자를 대상으로 맞춤형 창업 교육(집합 교육, 멘토링, 온라인 교육), 네트워킹 데이, 평가(투자 설명회)를 지원한다. 창업 강좌는 주중 저녁, 주말, 방학 기간 등을 활용하여 30시간 이상 운영되며 선택형, 집중형, 일반형 창업 교육을 제공한다.

창업 교육과 집중 멘토링을 희망하는 예비 창업자(1년 미만 창업자 포함)는 누구나 지원 가능하다. 창업 아카데미를 통하여 창업 노하우도 배우고 사업 경쟁력도 기를 수 있다.

- 문의처: 중소기업청 지식서비스창업과(042-481-4580), 창업진흥원 창업교육부

(042-480-4467)

창업대학원

http://www.kised.or.kr

창업 전문가 양성과 창업 교육 과정 개발 등을 위해 설립한 창업 관련 특수 대학원(석사 학위 과정)을 지원한다. 지원 규모는 총 7.2억 원으로 5개 대학원에 지원한다. 지원 대학원은 국민대, 계명대, 성균관대, 연세대 원주캠퍼스, 부산대로, 대학원별 정원은 30명 내외다.

대학원 운영에 소요되는 강사비, 교육개발비, 장학금 등 지원을 통해 창업 전문가 학위 과정 운영을 지원한다. 창업 교육 과정은 창업 전문가 육성을 위한 창업 이론 및 실무 분야에 대한 정규 교육을, 실습형 교육은 국내외 현장연수, 창업 멘토 실습 등을 지원한다.

- 문의처: 중소기업청 지식서비스창업과(042-481-4554), 창업진흥원 창업교육부 (042-480-4445)

장애인 맞춤형 창업 교육

http://start.debc.or.kr

창업에 필요한 종합 교육을 제공하여 장애인의 성공 창업을 유도하기 위한 교육이다. 지원 규모는 총 9.7억 원으로 전국 14개 교육 수행 기관이 1,130여 명을 교육한다. 창업을 희망하는 장애인 예비 창업자 또는 장애인 기업이 그 대상이다. 장애인 예비 창업자를 위한 창업 기초 교육, 특정 업종 창업 희망자에 대한 특화 교육, 기창업자 대상 역량 강화 교육, 재창업 희망 장애인을 위한 희망 재기 교육, 수출 기업 창업 교육 신설, 질서 있는 폐업 절차 안내를 위한 폐업 교육을 지원한다.

- 문의처: 중소기업청 소상공인정책과(042-481-3950), (재)장애인기업종합지원센터(02-2181-6521)

시니어 기술 창업 지원

www.kised.or.kr

(40세 이상) 중·장년 (예비) 창업자가 경력·네트워크·전문성을 활용하여 성공적인 창업을 할 수 있도록 지원한다. 지원 규모는 총 47.4억 원으로 시니어 기술창업센터 23개소 내외에서 지원한다. 지원 대상은 만 40세 이상 (예비) 창업자다. 성공적인 창업을 위하여 창업 교육, 멘토링, 네트워킹, 창업 준비 공간, 경영 지원 프로그램 등을 지원한다.

분야		내용	지원 규모
시니어 기술 창업센터	창업 교육	• 만 40세 이상 (예비) 창업자를 위한 제조업·지식서비스업 등 기술 창업 분야의 실전 창업 교육 과정 운영	전국 23개소 내외
	창업 지원	• 만 40세 이상 (예비) 창업자의 창업 준비를 위한 공간 제공 • 경영 지원(상담 자문, 교육), 마케팅 지원 등	
예비 퇴직자 맞춤 교육		• 대기업·공공 기관 등에 소속된 퇴직 예정자를 대상으로 맞춤형 기술 창업 교육 및 멘토 방문 프로그램 운영	30개 기관 내외

- 문의처: 중소기업청 지식서비스창업과(042-481-4523), 창업진흥원 지식서비스창업부(042-480-4387~8)

스마트 창작터

www.kised.or.kr

앱, 콘텐츠, ICT 융합 분야 등 유망 지식서비스 분야 (예비) 창업자를 대상으로 사업성을 검증해볼 수 있는 온·오프라인 실전형 창업 교육을 제공한다. 지원 규모는 총 98.4억 원이며, 대학생, 일반인 등 창업을 희망하는 예비 창업자 및 창업 3년 이내의 초기 기업을 대상으로 한다.

1부에서 온·오프라인 실습 교육을 지원한다. 온라인 교육은 온라인 창업 실습 플랫폼을 통하여 예비 창업자가 스스로 학습하는 체험형 창업 교육이다. 온라인 플랫폼 주요 커리큘럼은 BM 캔버스 작성, 전문가 멘토링 등으로 구성되어 있다. 오프라인 교육으로는 창업팀 구성을 위한 킥오프·해커톤 프로그램, 네트워크 행사, 기술 분야 전문 교육, 전문가 멘토링 등을 제공한다.

2부에서 사업 모델 검증을 지원한다. 1부 교육 우수 수료자를 대상으로 목표 고객의 구매 의사를 확인하여 사업 모델을 검증해볼 수 있는 비용으로 최대 5백만 원을 지원한다.

후속 지원으로는 1~2부 교육 우수 수료생을 선발하여, 사무 공간, 사업화 자금, 멘토링 등을 지원한다.

- 문의처: 중소기업청 지식서비스창업과(042-481-4524, 3982), 창업진흥원 스마트창업부(042-480-4391~2)

청소년 비즈쿨

www.kised.or.kr

비즈쿨Bizcool은 비즈니스Business와 스쿨school의 합성어로 '학교에서 경영을 배운다'는 의미다. 열정과 도전 정신을 갖춘 융합형 창의 인재 양성을 위해 기업가 정신 함양 및 창업 교육을 지원한다. 전국 초·중·고·특수학교 등에 지원하며 초·중등 교육법 제2조에 따른 학교가 대상이다.

기업가 정신 및 창업 교육, 창업 동아리 활동, 전문가 특강 지원 등을 위한 비즈쿨을 지정·운영하며, 성공한 벤처 기업인 등을 활용한 전문가 특강을 할 수 있도록 강사를 지원한다. 모의 창업, 경진대회 등 체험을 통해 기업가 정신을 함양할 수 있는 비즈쿨 캠프를 개최하고 비즈쿨 페스티벌, 교재·콘텐츠 개발·보급, 담당 교사 직무 연수 등을 지원한다.

- 문의처: 중소기업청 지식서비스창업과(042-481-4554), 창업진흥원 창업교육부(042-480-4464~4466, 4469, 4470)

정부 창업 판로·해외 진출 과제에는 어떤 것이 있는가?

판로·해외 진출 지원 과제는 창업자의 판로 개척과 해외 진출을 지원하는 과제다. 우리나라의 산업은 지난 수십 년간 수출 산업을 육성해왔다. 창업 과제 또한 수출 산업 육성을 지원한다. 본인이 생각하는 창업 아이템이 해외 진출과 관련이 있다면 관심을 갖고 살펴보자. 해외 진출 과제는 다른 과제에 비하여 경쟁률이 상대적으로 낮다.

다양한 기관에서 다양한 종류의 판로·해외 진출 지원 과제가 진행 중이다. 그 중에서도 대표적인 과제를 골라 알아보자. 이 과제 이외에도 많은 과제가 존재한다.

글로벌 창업 기업 발굴·육성 프로그램
www.kised.or.kr

글로벌 창업 기업 발굴·육성 프로그램은 글로벌 진출 지원과 외국인 기술 창업 지원 2가지를 진행한다. 글로벌 진출 지원은 창업 초기 단계부터 글로벌 시장을 겨냥한 본 글로벌Born Global 기업을 집중 지원, 글로벌 스타 벤처 기업을 육성하기 위한 프로그램이다. 지원 규모는 총 33억 원으로 45개 팀 내외에 지원한다. 지원 대상은 5년 미만 창업 기업이다. 국내 멘토링 2개월 동안 사업 모델 현지화를 위한 이론·실습 프로그램 등을 지원하고, 현지 보육으로 사무 공간, 멘토링 프로그램, 숙소, 네트워킹 및 투자자 데모 데이, 해외 사업화 자금 등을 지원한다. 최종 평가 후 우수 기업에는 후속지원으로 국내외 유통 플랫폼과 전시회 참가를 지원한다.

외국인 기술 창업 지원은 학사 이상의 해외 고급 기술 인력의 국내 유입과 창업을 촉진하여 국내 산업에 새로운 부가가치와 일자리 창출을 지원하고, 우수한 아이템을 보유한 외국인 (예비) 창업자를 발굴하여 멘토링, 창업 교육 등 다양한 프로그램을 제공해 창업 활동을 지원한다. 지원 규모는 총 20억 원으로 30개 팀 내외를 지원한다. 학사 학위 이상 취득한 외국인 또는 재외동포나 귀환 유학생 중 예비 창업자 또는 3년 미만 창업 기업이 그 대상이다. 시제품 제작, 마케팅 등 창업 활동에 필요한 창업 자금을 비롯해 멘토링, 창업 교육을 제공하고 창업 비자 취득을 지원한다.

- 문의처: 중소기업청 창업진흥과(042-481-8921), 창업진흥원 TIPS글로벌사업부 (02-3440-7307, 7312, 7314)

1인 창조 기업 마케팅 지원

www.kised.or.kr

창의적 아이템을 보유한 1인 창조 기업에 디자인 개발, 홈페이지, 홍보 영상 제작 등 마케팅을 지원하여 사업화 역량을 강화하는 과제다. 지원 규모는 총 40억 원으로 400개 사 내외에 총 사업비의 최대 70% 이내, 2천만 원 이내에서 지원한다. 1인 창조 기업 육성에 관한 법률 제2조에 해당하는 1인 창조 기업 또는 예비 창업자를 대상으로 한다.

사업화 디자인 개발로 종이·전자 카탈로그 제작, 시각(포장) 디자인, 제품 디자인, 브랜드(CI/BI) 개발 등을 지원한다. 온라인 마케팅 지원으로 홈페이지 제작, 홍보 동영상 제작, 검색엔진 마케팅, 방송 광고 등을 지원한다. 오프라인 마케팅 지원으로 국내외 전시회 참가, 국내외 시장 조사, 전문지 광고, 지식재산권 출원, 외국어 번역 등을 지원한다.

- 문의처: 중소기업청 지식서비스창업과(042-481-4553), 창업진흥원 지식서비스창업부(042-480-4385, 4496)

K-Global 해외 진출 사업

http://born2global.com

ICT 융합 분야 스타트업과 벤처 기업이 글로벌 시장으로 진출 및 성장할 수 있도록 경영 애로사항에 대한 컨설팅과 교육 지원, 사무 공간, 투자 유치 등 해외 진출과 관련된 내용을 지원한다. 지원 규모는 총 51.8억 원으로 ICT 융합 분야 예비 창업자 및 7년 이내 중소 벤처

기업을 대상으로 한다.

해외 진출 전문 컨설팅 지원으로 상근 전문 인력 및 국내외 법률·특허·회계 등 기관과의 파트너십을 통해 법률·특허·회계·마케팅 컨설팅을 지원한다. 국내·외 투자 유치 지원으로 유망 ICT 스타트업 발굴 후 피칭 교육 실시, 국내·해외 데모 데이 등 통한 국내·외 투자 유치를 지원한다. 특화 교육 및 세미나를 통해 해외 진출 시 현장 적용 가능한 실무 교육으로 프로그램을 구성한다. 글로벌 진출 역량 강화를 위해 해외 법률, 마케팅 등 분야 전문가를 국내로 초청해서 세미나를 개최하고, 컨퍼런스 등 네트워킹 행사를 개최한다. 입주 공간 지원으로 창업·혁신을 위한 기관이 밀집해 있는 K-Global 스타트업 허브 내 사무 공간을 제공, '창업 → 성장 → 해외 진출' 등 성장 단계별로 원스톱 지원한다.

- 문의처: 미래창조과학부 정보통신방송기반과(02-2110-2515), K-ICT본투글로벌센터(031-5171-5600)

정부 창업 멘토링·컨설팅 과제에는 어떤 것이 있는가?

멘토링·컨설팅 지원 과제는 창업 전문가의 멘토링과 컨설팅 등을 지원하는 과제다. 사업화 자금 지원이 더 절실한 예비 창업자들이 상대적으로 덜 중요하게 여기는 분야다. 그러나 특허 비용이나 사업 계획서 작성 등에 도움이 되기 때문에 사업화 과제 지원 전에 활용하면 유용하다. 또한 이런 과제 경험들이 본인이 바라는 큰 과제 지원 시에 경력(경험)으로 인정 받을 수 있다는 점도 기억하자.

여기서는 대표적인 과제를 중심으로 알아본다. 이 과제 이외에도 많은 과제가 존재한다.

벤처 1세대 멘토링 프로그램 운영(K-Global 창업 멘토링)

http://gomentoring.or.kr

스타트업의 기술·경영 애로사항 등을 진단하고 해결 방안을 제시

한다. 창업 멘토링 지원 분야는 크게 ICT(정보통신기술), 과학 기술 분야로 나뉘는데, 모바일 게임과 디지털 콘텐츠, 정보통신 기기 및 장비, 소셜 네트워크 서비스, 모바일 앱, 인터넷 정보매개 서비스, 정보 보안 산업 분야, 임베디드 소프트웨어 등을 지원한다. 지원 규모는 총 29.9억 원으로 총 100개 사 내외를 지원한다. 지원 대상은 ICT와 과학 기술 분야의 창업 초기 또는 재도전 기업, 대학 창업 동아리다.

전담 멘토링으로 성공·실패 경험을 가진 벤처 창업가를 멘토로 지정, 기술 및 경영 애로 사항 등을 진단해서 해결 방안을 제시한다. 성공 벤처 CEO 멘토단 기업 견학으로 성공한 선배 벤처 기업인이 운영하는 기업을 방문하고 체험하여 성공 요인을 벤치마킹하고, 노하우를 전수 받는 기회를 제공 받는다. 실전 창업 교육으로 우수한 선진 창업 교육을 실시하여 기업가 정신을 함양하고 실전 창업 준비를 위한 교육 프로그램을 제공한다. 스타트업 투자 아카데미 정기 교육, 투자자 네트워크 구축 등을 통하여 멘티의 투자 역량을 강화하고 성공 사례 창출을 지원한다. 데모 데이와 네트워킹으로 멘티들의 사업 아이템을 홍보하고 투자자들의 투자 의향을 파악하고 투자 상담을 받을 수 있는 데모 데이와 지역 협업 멘토링과 투자자를 잇는 정기적인 네트워킹을 제공한다. 우수 멘티 중 해외 진출이 필요한 기업을 선발하여 해외 글로벌 파트너십 체결 프로그램의 기회를 제공해 성공적인 비즈니스를 지원한다. 사후 관리로서, 선·후배 멘티 간 네트워킹, 엔젤 투자자 및 VC 등 투자 기관과의 네트워킹, K-Global 300 연계, 엔젤 투자 등 민간 투자자 후속 연계 등을 지원한다.

- 문의처: 미래창조과학부 정보통신기반과(02-2110-2514), K-ICT창업멘토링센터(031-778-7452, 0)

6개월 챌린지 플랫폼 사업

www.innopolis.or.kr

창조경제타운과 창조경제혁신센터 등에서 발굴된 아이디어를 대상으로 최대 6개월 동안 사업화 가능성을 검증하고 창업 및 사업화를 집중적으로 지원하는 사업이다. 총 112.5억 원 규모로 기술사업화 서비스에 5천만 원 이내에서 지원하고, 공공기술 이전 지원으로 3천만 원 이내에서 추가 지원한다. 아이디어의 사업화를 준비하는 예비 창업자와 신청일 기준 창업 1년 이내의 기업이 대상이 된다.

직접적인 자금 지원이 아닌 서비스 형태의 간접 지원으로 창조경제혁신센터에 접수된(창조경제타운에 등록된) 아이디어를 선별하여 아이디어 구체화(사업화 모델 개발 등), 권리화(특허출원 등), 실증화(시제품 제작, 기술 도입 등), 시장 검증(데모 데이 등), 공공 기술 연계 등을 선별적으로 지원한다.

- 문의처: 미래창조과학부 창조경제진흥과(02-2110-1741), 연구개발특구진흥재단 창조혁신팀(042-865-8955)

우주 기술 기반 벤처 창업 지원 및 기업 역량 강화 사업

www.kari.re.kr/kor/sub08_01_01.do

우주 기술 기반 창업·신사업 아이디어를 공모하여 체계적 지원을 통해 스타 창업가와 스타 기업 육성을 지원한다. 총 2.5억 원 규모로 총 6개 과제를 지원한다. 지원 대상은 우주 기술을 활용하여 창업을 추진하고자 하는 예비 창업자(팀), 또는 우주 기술을 활용하여 신사업을 추진하고자 하는 기업이다.

예비 창업자는 최대 2천 5백만 원 이내에서 창업 프로그램을 지원 받을 수 있다. 창업 교육, 아이디어 구체화, 시장 분석, 사업 계획 멘토링 등의 컨설팅을 지원하고, 시제품 제작을 지원(최대 10백만 원, 장비·재료 대행 구매)한다.

기업은 최대 4천만 원 이내에서 사업화 프로그램을 지원 받는다. 기업 진단, 시장 분석, BM 도출, 시장 확보 전략 등의 컨설팅을 지원하고 시제품 제작을 지원(최대 20백만 원, 기업 직접 지원)한다.

뿐만 아니라 STAR 창업 커뮤니티는 예비 창업가 및 기업의 성공적인 사업화뿐만 아니라 후속 지원을 제공하고 정보 교류를 위한 네트워크를 운영한다.

- 문의처: 미래창조과학부 우주기술과(02-2110-2443), 한국항공우주연구원 성과확산실(042-870-3673)

IP 디딤돌 프로그램

www.kipa.org

혁신형 창업 유도를 위해 창의적 아이디어를 사업 아이템으로 구체화하고, 실제 창업까지 연계될 수 있도록 맞춤형 지원 프로그램을 운영한다. 총 26억 원 규모로 약 680건을 지원한다. 지원 대상은 창의적 아이디어를 보유한 예비 창업자다.

　구체화 컨설팅으로 지원 대상 아이디어와 동일하거나 유사한 기술을 검색·분석하고 발전 가능한 방향으로 아이디어가 구체화될 수 있도록 지원한다. IP 권리화로 고도화된 아이디어를 보호하거나 경영·마케팅에 활용할 수 있는 최적의 IP를 선정하여 출원 진행한다. 제품화 컨설팅으로 제품의 기능, 모양, 재질, 가격, 생산 가능성 등을 종합 고려하여 제품 기획 상담을 지원한다. 사업 아이템 도출로 구체화된 제품을 3D 형상으로 모델링하고, 3D 프린터를 통해 모형 제작을 지원한다.

- 문의처: 특허청 지역산업재산과(042-481-8660)

IP 나래 프로그램

www.ripc.org

　기술 기반 창업 기업의 아이디어 제품이 독점 시장을 확보할 수 있도록 특허 포트폴리오 구축 등 지식 재산 역량 강화를 지원한다. 총 72억 원 규모로 약 270개 사를 지원한다. 지원 대상은 기술 기반 창업 기업이다.

　(사업 아이템 IP 검증을 비롯한) 창업 기업의 주력 사업 아이템 특허, 디자인 정보를 분석하여 IP 동향을 파악하고 타 IP 침해 여부를 검토한다.

　IP 출원 기술 선별로 창업 기업이 보유한 기술을 정밀 분석하고 진단하여 지재권으로 보호할 기술과 비공개할 기술을 선별할 수 있도록 지원한다. 고품질 특허 포트폴리오 구축으로 주력 사업 아이템을 효과적으로 보호할 수 있도록 핵심 또는 주변 특허를 설계하고 출원하는 등 특허 포트폴리오를 구축하고 고도화를 지원한다. IP 융합·확장으로 타깃 시장 맞춤형 디자인과 브랜드 전략을 수립하고 디자인·브랜드 권리 획득을 지원하여 IP 융합 포트폴리오 구축을 지원한다.

- 문의처: 특허청 지역산업재산과(042-481-8663), 수행 기관 지역지식재산센터(1661-1900)

정부 창업 행사·네트워크 과제에는 어떤 것이 있는가?

행사·네트워크 지원 과제는 경진대회, 공모전, 네트워크(인맥 형성) 등을 지원하는 과제다. 경진대회나 공모전에 입상하는 경우, 사업화 과제로 연결되거나 사업화 과제 지원 시 가산점을 받을 수 있다. 또한 인맥 형성을 위한 네트워크 행사도 지원해준다. 창업 팀 간 정보 공유 혹은 협업을 통한 시너지를 기대할 수 있다.

다양한 기관에서 다양한 종류의 행사·네트워크 지원 과제가 진행된다. 그중 대표적인 과제를 골라 알아보자. 이 과제 이외에도 많은 과제가 존재한다.

벤처창업대전

www.kised.or.kr

창업·벤처인이 함께 창업 분위기 및 벤처 열기 확산을 통해 창조경제 실현을 다짐하는 교류의 장을 구현하는 행사다. 지원 규모는 총 2.3억 원으로, 벤처·창업 기업, 청년 기업, 1인 창조 기업, 유관 기관 등이 해당된다.

벤처 활성화와 창업 촉진, 지식서비스 산업 발전 등을 통해 국가 경제에 기여한 기업 및 단체, 유공자를 포상하고 벤처·창업 기업의 제품 전시, 벤처·창업 상담관, 창업 경진대회, 비즈니스 상담 등 창업 분위기 조성 프로그램을 지원한다.

- 문의처: 중소기업청 벤처정책과(042-481-8938), 창업진흥원 대학창업부(042-480-4355)

대한민국 창업 리그

www.kised.or.kr

창업 경진대회를 통해 우수 창업 아이템(아이디어)을 갖춘 (예비) 창업자를 발굴·지원하여 전 국민 대상 창업 분위기 제고를 위한 행사다. 지원 규모는 총 14억 원이고, 예비 창업자 또는 3년 이내 창업 기업이 그 대상이다. 상금 및 후속 지원으로 사업화 연계, 박람회 참가 등을 지원한다.

- 문의처: 중소기업청 창업진흥과(042-481-3991, 4409), 창업진흥원 스마트창업부(042-480-4390, 4398)

장애인 창업 아이템 경진대회

www.debc.or.kr

우수 창업 아이템 발굴 및 포상을 통해 장애인의 성공적 경제 활동을 제고하고 사업 타당성을 평가해 지원한다. 총 5천만 원 규모로 장애인 예비 창업자 및 3년 미만의 장애인 기업을 대상으로 한다.

우수 창업 아이템을 공모, 시상하며 총 상금은 3천 4백만 원이다. 수상자는 장애인 기업 지원 사업에 가산점을 부여 받는다.

시상 내역		상금	시상 편수
창업 아이템 발굴	대상	1,000만 원	1
	최우수상	500만 원	2
	우수상	300만 원	3
	장려상	100만 원	5
합 계		3,400만 원	11

- 문의처: 중소기업청 소상공인정책과(042-481-3950), 장애인기업종합지원센터 사업2팀(02-2181-6533)

여성 창업 경진대회

www.wbiz.or.kr

예비 여성 창업자들의 창의적이고 우수한 창업 아이템을 조기에 발굴, 육성하고 효과적인 사업화 모델을 통해 사업화 능력을 배양하여 여성 창업 활성화에 기여하고자 하는 행사다. 지원 규모는 총 9천만 원으로, 여성 예비 창업자 및 창업 후 2년 미만의 여성 창업 기업이다.

최대 상금은 1천만 원으로, 수상자에게는 맞춤형 지원을 실시하고,

여성기업종합지원센터 입주 시 우대한다. 대상 1명은 1천만 원, 최우수상 2명에게는 각 5백만 원, 우수상 3명에게는 각 3백만 원, 장려상 5명에게는 각 2백만 원, 특별상 1명에게는 2백만 원을 상금으로 수여한다.

- 문의처: 중소기업청 공공구매판로과(042-481-4376), (재)여성기업종합지원센터 사업지원국(02-369-0911)

농수산 식품 창업 콘테스트

www.fact.or.kr

농식품 분야의 창의적인 아이디어를 가진 (예비) 창업자를 발굴하고, 집중 지원을 통해 성공 사례로 육성하여 창업 붐을 조성하기 위한 행사다. 지원 규모는 총 4억 원 내외로, 최대 상금은 1억 원이다. 예비창업자 및 창업 5년 이내 창업자(개인, 법인, 단체 등)를 대상으로 한다. 농수산업 및 식품 산업 분야, 농수산업 ICT 접목 분야, 푸드테크, 농수산물 활용 바이오 분야, 농자재·수산자재 분야 등의 아이디어와 기술력을 바탕으로 하는 아이템이 이에 해당한다.

콘테스트 입상 시 사업화 기획 비용, 우수기술사업화자금(최대 10억 원, 융자) 등 R&D 관련 사업을 연계 지원하고 농식품 전문 크라우드펀딩, 시제품 판매관 입점 등을 연계 지원한다.

- 문의처: 농림축산식품부 과학기술정책과(044-201-2453), 농업기술실용화재단창업성장촉진팀(031-8012-7248)

대한민국 지식재산 대전

www.kipa.org

지식재산권에 대한 국민적 인식 제고 및 발명 분위기를 확산하고, 우수 발명품의 판로 개척과 유통 활성화 촉진을 위한 행사다. 총 12.7억 원 규모로, 지원 대상은 특허·실용신안·디자인으로 등록 또는 출원된 발명·고안·디자인품, 5년 이내 등록된 상표다.

우수 발명품 및 상표로 선정된 제품은 정부가 시상하고, 우수 제품의 판로 개척을 위해 전시회 참가를 지원하고 구매 상담 기회를 제공한다.

- 문의처: 특허청 산업재산정책과(042-481-8498), 한국발명진흥회 지식재산진흥부(02-3459-2750/2794)

'K-Global Startup' 공모전

www.nipa.kr

ICT 분야의 창의적 아이디어를 공모하고 발굴하여 창업·사업화·해외 진출까지 연계 지원하는 스타트업 지원 프로그램이다. 지원 규모는 총 10억 원으로, ICT 기반의 창의·혁신적 아이디어와 우수 기술을 보유한 개인(팀) 또는 중소 벤처기업을 대상으로 한다.

협업 공간과 인프라를 제공하며, 국내외 전문가 멘토링을 지원한다. 우수 스타트업은 시상하고 창업 자금과 비즈니스화 및 해외 진출을 지원한다.

- 문의처: 정보통신산업진흥원 글로벌창업팀(043-951-5551)

K-Global IoT 챌린지

www.kisa.or.kr

사물인터넷IoT을 기반으로 하는 유망 스타트업을 발굴하여 제품 양산과 보안 내재화를 위한 전문가 컨설팅, IoT 글로벌 민관 협의 체의 기술과 네트워크 제품 개발 인프라 등을 제공하여 성공적인 사업화를 이룰 수 있도록 지원한다. 총 1.4억 원 규모로, 전국 300개 초·중·고등학교에 지원한다. 지원 대상은 제품 및 서비스가 구체화되어 시제품 제작 중이거나 제작 완료하여 제품 사업화를 준비하는 IoT 기반 스타트업 기업(팀)이다.

양산화 지원으로 IoT 제품 관련 경험이 풍부한 제품 설계·제조 전문가와 전담 컨설팅을 통해 시제품의 양산과 상품화 단계의 효율성 제고를 지원한다.

교육으로 IoT 기반 제품 양산 과정에서 필요한 제조 프로세스와 시제품 검증 과정, 생산 계약 관련 법무 지식 등의 교육을 제공한다.

컨설팅으로 제품 설계·제조 전문가와 멘토링을 통해 효율적인 양산화 작업을 위한 제품 설계를 가능하게 하고 국내외 생산 파트너를 탐색할 수 있도록 지원한다.

보안성 제고로 상용화 단계를 고려하여, 제품 안정성을 높이기 위한 보안성 컨설팅 및 보안 테스트베드 등을 제공하여 보안 내재화를 지원한다.

판로 개척 지원으로 크라우드펀딩 활용 컨설팅과 대기업·글로벌 기업과의 접점 제공을 통한 제품의 사업성 판단, 그밖의 판로 확보를 지원한다.

크라우드펀딩 지원으로 국내 크라우드펀딩 업체나 펀딩에 성공한 스타트업과의 네트워킹을 제공하고 전문가와의 1:1 컨설팅을 통한 크라우드펀딩 전략 수립을 지원한다.

네트워크 지원으로 IoT 글로벌 민관 협의체 등을 활용하여 대기업, 글로벌 기업 내 신사업 관계자들과 네트워킹을 할 수 있는 B2B 데이 등의 개최를 지원한다.

- 문의처: 한국인터넷진흥원 IoT혁신센터(02-405-6396)

정부 창업 R&D 과제에는 어떤 것이 있는가?

R&D 기반의 창업을 지원하는 과제다. R&D 기반이기 때문에 일반 창업자가 아닌, R&D와 연관된 창업자가 그 대상이다. R&D 직종에 있던 창업자라면 관심을 기울여보는 것이 좋다. 또는 연구소나 대학교로부터 이전 받은 기술을 바탕으로 지원할 수도 있다.

다양한 기관에서 다양한 종류의 R&D 지원 과제를 진행 중인데 그 중 대표적인 과제를 소개한다. 여기 나온 과제 이외에도 많은 과제가 존재한다.

K-Global ICT 유망 기술 개발 지원 사업
www.iitp.kr

ICT 분야 창업을 활성화하고 선순환적 창업 기반을 강화하기 위하여 신기술과 우수 아이디어를 활용한 창업 기술 개발을 지원한다. 총

30억 원 규모로, 예비 창업자 및 창업 1년 미만의 중소·벤처 창업 기업 혹은 재도전 기업인의 재창업 기업을 대상으로 한다.

ICT 창업 활성화를 위해 우수 아이디어 발굴과 지원 강화를 통한 최초 창업, 또는 재기 기업인의 재창업을 위한 기술 개발을 지원한다. 자유 공모 방식으로 최초 창업 및 재창업 기업에 과제당 1.5억 원 이내에서 약 10개월 이내로 지원한다.

- 문의처: 미래창조과학부 정보통신방송기반과(02-2110-2981), 정보통신기술진흥센터 중소기업개발팀(042-612-8677)

투자 연계형 기업 성장 R&D 지원

www.rndstartup.or.kr

검증된 사업 모델과 기술을 가진 창업 기업이 시장에 안착하고 성장할 수 있도록 민간 투자와 연계하여 R&D 자금을 지원한다. 총 120억 원 규모로, 중소기업창업지원법 제2조 제2호에 따른 창업 기업(팀)이 대상이 된다.

지정된 출자 기관(투자사)으로부터 투자를 유치한 창업 기업에 대해 선정 평가를 거쳐 R&D 자금을 기업당 최대 3억 원 이내로 지원한다.

- 문의처: 미래창조과학부 연구성과혁신기획과(02-2110-2488), 한국산업기술진흥협회 기술협력팀(02-3460-9063~4)

그 밖에 정부가 창업을 위해 무엇을 지원하는가?

정부는 앞서 살펴본 과제 이외에도 다양한 과제 형태로 창업을 지원한다. 특히 만 39세 이하는 청년전용창업자금과 청년특례보증제도를 살펴보기 바란다. 창조경제타운에서는 아이디어를 바탕으로 창업자금을 마련할 수 있도록 지원한다. 청년 인턴제는 창업자가 창업 이전에 사업을 체험해보고 창업할 수 있도록 돕는다. 학생들이 관심을 가질 만하다. TIPS는 민간 엔젤 투자 매칭으로 정부가 지원하는 형태다. 물론 여기 소개하는 과제 이외에도 많은 과제가 더 존재한다.

청년 전용 창업 자금

www.sbc.or.kr

청년 전용 창업 자금은 창업자가 만 39세 이하로 창업 3년 이내에 신청 가능한 융자다. 최대 1억 원의 융자를 2.5% 고정금리로 최대 3년 거치 6년까지 사용할 수 있다. 최대 장점은 사업이 실패했을 때 20%만 상환하는 조건으로 대출해주는 청년 특례 보증 제도가 있다는 것이다.

이 과제는 우수 아이디어를 보유한 청년층의 창업 촉진을 목적으로 창업 자금과 교육, 컨설팅을 패키지로 지원하는 사업이다. 특히 생애 최초로 지원 받을 수 있는 자금이라는 점, 담보 없이 신용과 저금리로 활용할 수 있다는 점이 가장 큰 장점이다.

지원 대상은 신청일 기준 만 39세 이하로 지식서비스업, 문화콘텐츠업, 제조업을 영위하고자 하는 예비 창업자 및 창업 3년 미만인 기업(정부나 지자체의 창업 지원 관련 융자나 보증을 지원 받은 적이 있으면 제외)이다. 융자 범위는 창업과 기업 경영에 소요되는 자금으로 연 2.9% 고정금리를 적용하여 최대 1억 원이 가능하다.

융자 방식은 융자 상환금 조정형과 민간 금융 매칭형이 있다. 융자 상환금 조정형은 중소기업진흥공단이 자금 신청 접수와 함께 교육과 컨설팅을 실시하고 사업 계획서 등에 대한 평가를 통해 융자 대상을 결정한 다음 직접 대출하는 방식이다. 민간 금융 매칭형은 취급 은행(우리은행, 기업은행)이 자금 신청 접수와 함께 평가를 통해 융자 대상을 결정하고 대출하는 방식이다.

청년 창업 전용 자금 신청은 사전에 제출 서류를 준비한 다음 신청 기간에 맞추어 중소기업진흥공단 홈페이지(www.sbc.or.kr)에서 온라인 신청을 하거나 기업은행 또는 우리은행 전국 지점에서 신청할 수 있다.

- 문의처: 국번 없이 전국 1357

청년 특례 보증 제도

www.kodit.co.kr

고용 창출 효과가 큰 지식서비스 산업 등에서 젊은 청년 인재의 적극적인 창업 유도를 통해 일자리 창출과 미래 성장 잠재력 확충을 도모하는 지원 사업이다. 기술 보증의 청년 창업 특례 보증 제도는 창업 후 3년 이내 기술 창업 기업의 만 17~39세 이하의 청년 대표라면 누구나 지원 신청이 가능하다. 창업과 운영에 필요한 운전 자금과 사업장 임차 자금, 시설 자금으로 최대 3억 원까지 보증 지원한다. 또한 보증료는 0.3p%, 보증 비율은 95%를 적용하여 지원한다.

참신하고 기발한 기술을 이용한 사업 아이템이 있지만 상품화에 필요한 사업 자금 확보가 어렵다면 청년 창업 특례 보증 제도를 활용해 보자.

- 문의처: 1544-1120

창조경제타운

www.creativekorea.or.kr

창조경제타운은 국민의 아이디어를 가치화하는 대한민국 사업 아이디어 플랫폼이다. 사업화할 만한 다양한 아이디어를 집합하고 Collecting, 아이디어의 가치를 키우기 위해 전문적인 멘토링을 지원하며 Mentoring, 제안자가 사업화나 창업을 할 수 있도록 범국가적 창조경제

지원 사업들과 연계한다Connecting Biz.

창조경제타운은 아이디어 집합, 전문가 멘토링, 사업화 지원 프로그램과 연계하는 CMC 시스템Collecting - Mentoring - Connecting Biz을 통해 일자리를 창출하는 기능을 하고 있다. 창조 아이디어 제안과 공모 광장, 멘토와의 대화 등 단계별 멘토링, 부처와 7가지 단계별 연계 서비스 등을 제공한다.

- 문의처: 1644-1095

창업 인턴제

http://www.kised.or.kr

창업 준비 과정에서 중소·중견 기업 현장 근무 기회를 제공하고 사업화 자금을 지원하여 예비 창업자의 성공 창업 도모를 지원하는 과제다. 지원 규모는 총 50억 원으로, 창업 인턴 50명 내외를 지원한다. 창업 아이템과 창업 의지를 지닌 대학(원) 재학생(대학생은 4학기 이상 수료자) 또는 고등학교나 대학(원) 졸업 후 7년 이내의 미취업자다.

인턴 활동으로 월 100만 원 이내의 인턴 활동비를 지원한다. 근무기간은 최대 6개월이며, 희망하면 3개월 이내에서 단축 가능하다. 사업화 지원으로 시제품 제작, 창업 인프라 구축, 창업 활동, 마케팅 등 창업 관련 비용으로 최대 1억 원 이내에서 지원한다. 사업화 지원은 인턴 활동 수료자 중에서 사업화 평가를 통해 선정한다.

- 문의처: 중소기업청 벤처정책과(042-481-8920), 창업진흥원 창업교육부(042-480-4462)

TIPS 창업 사업화 자금 지원

www.kised.or.kr

액셀러레이터, 초기 전문 VC 등 민간이 선별한 유망 기술 창업 팀(TIPS 창업 팀)에 창업 사업화 자금 지원을 통해 기술 창업 성공률 제고를 위한 과제다. 지원 규모는 총 90억 원으로, TIPS 창업 팀 중 3년 미만의 창업 기업이다. 시제품 제작과 지재권 획득, 마케팅 활동 등에 소요되는 창업 사업화 자금으로 최대 1억 원을 차등 지원한다.

- 문의처: 중소기업청 창업진흥과(042-481-8947), 창업진흥원 TIPS글로벌사업부(02-3440-7303, 7305)

CHAPTER 6

정부 창업 과제 사업 계획서 만들기

사업 계획서는 보통 A4 용지를 기준으로 15~30쪽 안팎으로 작성한다. 많은 양은 아니지만 처음 작성하는 사람에게는 어떻게 시작할지 막막하기에 매우 힘든 작업이다.

이번 장에서는 정부 창업 과제 응모용 사업 계획서를 쓰기 위해 기본적으로 알아야 할 것들을 같이 정리한다.

먼저 사업 계획서 작성을 위해서는 기본 용어부터 알아야 한다. 기본 용어를 이해하지 못한 상태로는 정부 창업 과제 자체를 이해할 수 없다. 모든 정부 창업 과제는 사업 이전에 공고문을 온라인과 오프라인으로 공지한다. 이 공고문을 통하여 사업 전반적인 내용을 살펴볼 수 있다. 창업 아이템이 공고문의 사업 목적과 부합되는지도 이때 확인한다.

사업 계획서 양식은 공고문과 함께 공지한다. 반드시 해당 양식을 사용해야 한다. 자유 양식으로 지원 받는 과제도 있으나 가급적 일반적인 정부 창업 과제용 양식을 사용하도록 한다. 여기서는 다음과 같이 사업 계획서 작성을 위한 팁도 함께 살펴볼 것이다.

- 과제명(제목) 결정
- 창업 대상 기술(제품, 서비스)와 기존 기술과의 차별성
- 출처, 근거 자료 작성
- 일정 작성
- 예산 작성
- 기대효과와 향후 전망

사업 계획서 기본 용어

사업 계획서 작성 시 사용하는 기본 용어를 먼저 알아보자.

사업비, 지원금, 부담금
정부 과제 사업비는 (출연) 지원금과 (자기)부담금으로 구성한다.

- 사업비: 해당 과제에 소요되는 총 예산이다. 지원금과 부담금의 합이다.
- 지원금: 정부에서 순수하게 지원하는 자금이다.
- 부담금: 지원자가 부담하는 자금이다. 창업 과제에 따라 부담금이 없는 과제도 있다.

현금·현물

부담금은 현금과 현물로 구성한다.

- 현금: 지원자가 부담하는 부담금 중 현금cash이다.
- 현물: 지원자가 부담하는 부담금 중 현금을 제외한 현물이다. 현물이란 과제 기간 중 발생하는 인건비와 지원자가 보유한 장비 사용료다. 인건비와 장비 사용료 계상 기준은 사업 매뉴얼에 자세히 명기되어 있다. 즉, 현물은 현금이 아닌 인건비와 개인 또는 회사가 이미 보유하고 있는 장비 사용료로 대체할 수 있다.

정성적 평가·정량적 평가

- 정성적 평가: 과제로 인해 도출될 수 있는 기대 효과다. 대표적으로 수입 대체 효과, 기술 개발 효과, 수출 기회 등 숫자로 평가하기 어려운 성질과 관련된 평가다.
- 정량적 평가: 과제 수행 결과를 객관적 수치로 평가하는 방식이다. 과제의 성공 여부를 판별할 때 가장 많이 사용하는 항목이다. 만약 과제 수행 후 해당 항목을 만족하지 못했다면 과제 실패가 될 수 있다.

사업 계획서 공고문 살펴보기

과제 공고문을 통하여 자신에게 맞는 과제인지를 파악할 수 있다.

사업 목적

사업 목적은 사업 계획서의 목적과 부합되어야 한다. 즉, 사업 목적과 부합되지 않는 사업 계획서는 당연히 선정에서 제외된다. 그러므로 반드시 사업 목적을 유의해서 살펴야 하며, 사업 목적에서 역으로 창업의 길을 찾을 수도 있다.

모집 분야

자신이 하고자 하는 것이 해당 분야에 속하는지 확인한 다음 지원하자. 크게는 하드웨어 부분과 소프트웨어 부분으로 구분할 수 있으며, 요즘은 융합 부분에 초점이 맞춰져 있다.

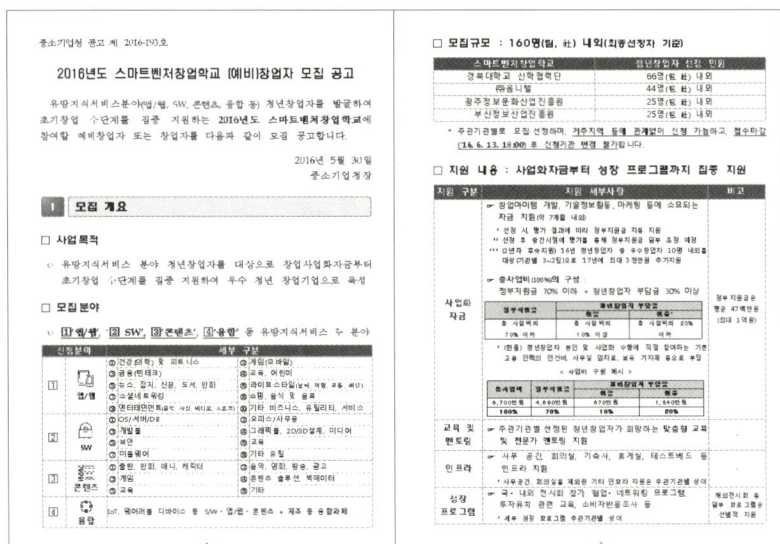

모집 규모

선정 규모에 해당한다. 만약 지원자가 부족하거나 충족되는 제안서가 부족하면 전부 선발하지 않는 경우도 있으니 유의하자. 때로는 2차 모집을 하기도 한다.

지원 내용

선정 시 지원되는 사업비와 그 밖의 교육이나 멘토링, 사무 공간, 회의실, 전시회 참가 등 다양하게 이루어지는 지원 내용이 구체적으로 나와 있다. 창업 과제는 대개 창업자 부담금이 없지만 경우에 따라 부담금이 있을 때도 있다.

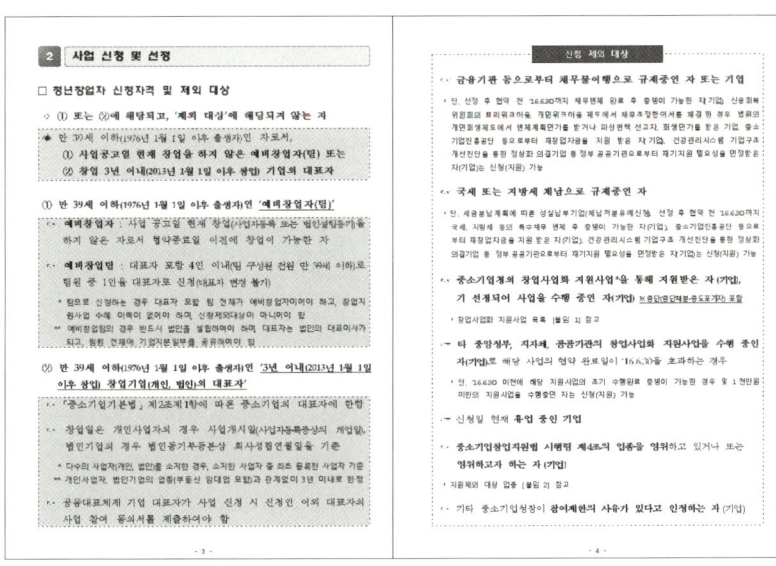

사업 신청 자격과 제외 대상

사업 신청 자격과 제외 대상이 기술된다. 보통 창업 경력이 있다면 일정 기간 제한되며, 청년 창업과 시니어 창업은 나이 제한이 있다. 세금을 체납 중이거나 기존 창업 과제를 수행 중인 사람, 또는 불성실하게 수행했거나 실패한 경험이 있는 사람은 제외 대상이 된다. 사업별로 제외 대상이 다를 수 있으므로 꼼꼼히 확인해야 한다.

신청 기간과 방법

온라인 신청서 또는 서류 제안서의 제출 기간이 명시되어 있다. 1차 통과 시 2차 평가 일정은 개별적으로 통보된다. 보통 1차 서면평가와 2차 대면평가로 진행되며 스마트벤처창업학교를 비롯한 일부 사업은

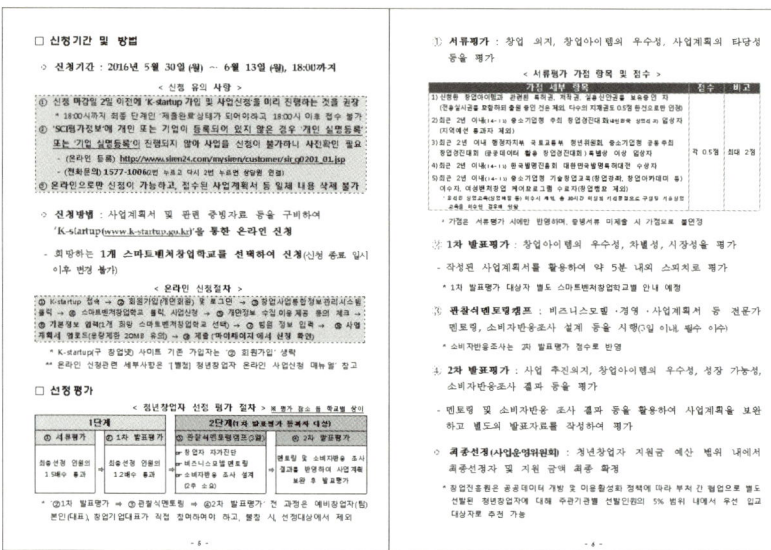

더 세부적으로 평가가 이루어지기도 한다.

추진 절차와 일정

추진 절차 및 일정은 공고 내용과 다르게 진행될 때가 많다. 따라서 해당 홈페이지 공지사항을 자주 확인해야 한다. 일정이 앞당겨지는 경우보다는 대개 늦춰질 때가 많다.

유의 사항

창업 과제는 중복 수혜를 방지하기 위한 내용이 많다. 만약 새로운 과제의 지원 내용이 더 좋다면 과제에 따라 기존 과제를 포기하고 새로운 과제로 갈아탈 수도 있다. 또 중복으로 지원을 받을 수 있는 과

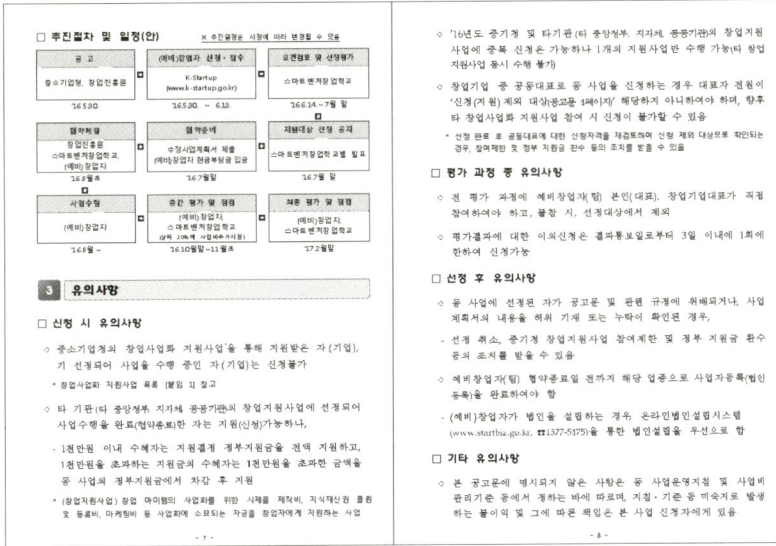

제도 간혹 존재하니 잘 살펴보자.

사업 신청 문의

사업에 대해 궁금한 사항이 있으면 문의처로 직접 전화하여 친절한 상담을 받을 수 있다. 만약 궁금한 점이 전화로 해결되지 않는다면 약속을 잡은 다음 자료를 가지고 직접 찾아가 상담을 받을 수도 있다. 단, 사업 계획서 쓰는 법이나 그 내용에 대해서는 상담해주지 않는다. 업무를 맡은 공무원이 상담하기 때문에 기술이나 사업 계획서 내용은 상담이 이루어지지 않는다.

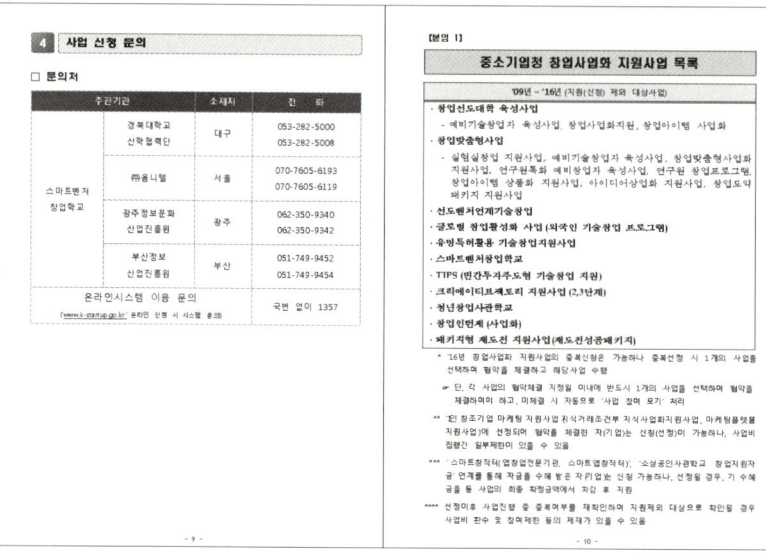

지원(신청) 제외 대상 사업

기존에 해당 기간 내 대상 사업을 수행했다면 지원할 수 없다. 정부 과제로 창업했어도 대상 사업이 아닌 다른 사업이라면 다시 지원할 수 있다.

지원 제외 대상 업종

창업하려는 업종이 지원 제외 대상 업종에 해당하면 지원할 수 없다. 대표적으로 금융·보험업, 부동산업, 숙박·음식업 등은 지원할 수 없다.

[붙임 2]

지원제외 대상 업종

No	대상 업종	코드번호 세세분류
1	금융 및 보험업	K64~66
2	부동산업	L68
3	숙박 및 음식점업(호텔업, 휴양콘도 운영업, 기타 관광 숙박시설 운영업 및 상시근로자 20명 이상의 법인인 음식점은 제외)	I55~56
4	무도장 운영업	91291
5	골프장 및 스키장 운영업	9112
6	기타 갬블링 및 베팅업	9124
7	기타 개인 서비스업(그외 기타 개인 서비스업은 제외)	96
8	그 밖에 제조업이 아닌 업종으로서 산업통상자원부령으로 정하는 업종	-

* 대상 업종의 세부사항은 제9차 한국표준산업분류코드(통계청, ksscl.kostat.go.kr) 참고

사업 계획서 양식 살펴보기

　일반적인 사업 계획서 양식과 정부 과제용 사업 계획서 양식은 비슷하면서도 다른 부분이 있다. 해당 사업의 사업 계획서 양식은 보통 정부 과제 공지 시에 첨부하여 제공한다. 첨부된 양식이 있다면 반드시 해당 양식으로만 작성해야 한다.

　보통은 한글과 컴퓨터 양식(hwp)을 제공하지만 일부 과제는 마이크로소프트 워드ms-word 양식(doc 또는 docx)을 제공하기도 한다. 별다른 말이 없다면 가급적 한글 프로그램을 쓰길 바란다. 정부는 공식적으로 한글과 컴퓨터 프로그램을 사용하기 때문에, 정부와 관련된 문서를 작성하려면 그 프로그램에 능숙해지는 것이 좋다.

　사업 계획서 양식은 전체적인 구성이 유사하지만 과제마다 세부적으로 조금씩 다르다. 일부 과제는 자유 양식이 허용되지만 그렇다고 자유롭게 쓰면 불이익을 받을 수도 있다. 양식은 자유지만 평가위원

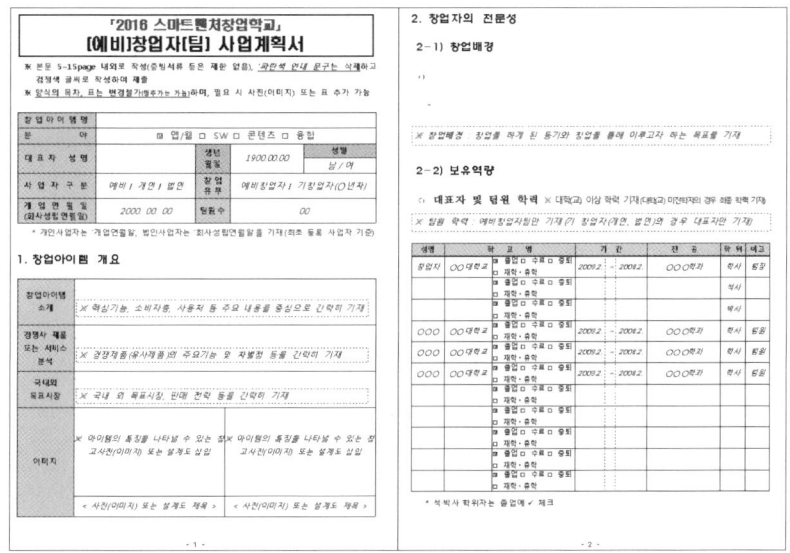

은 대동소이하므로, 가급적 정부 과제는 전형적인 양식을 따르는 것이 좋다.

여기서는 정부 창업 과제 양식 중 스마트벤처창업학교용 사업 계획서 양식을 예제로 항목별로 살펴보자.

제목

사람도 첫인상이 중요하듯, 사업 계획서도 첫 장이 매우 중요하다. 특히 제목이 가장 중요하다. 평가위원은 제목만으로 그 사업 계획서의 내용을 예상하고 결과가 어떨지 짐작하기도 한다. 제목만으로도 평가위원의 호불호가 시작되는 것이다. 즉, 제목을 읽는 순간부터 평가위원의 판단은 시작된다.

평가위원이 사업 계획서 내용을 전부 읽는 것은 아니다. 그러나 모든 평가위원이 제목만큼은 반드시 읽는다. 그만큼 제목은 신중하게 작성해야 한다.

제목을 작성할 때는 핵심 내용이 명확하고, 쉽고, 간결하게 드러나도록 과학적으로 정한다. 기술적으로 표현 가능한 쉬운 용어를 사용하며, 정보 공개에도 적합해야 한다.

개요

평가위원은 제목을 읽고 그 다음으로 일종의 요약문인 개요를 본다. 개요는 대부분 꼼꼼히 읽는 편이다. 창업하려는 목적과 사업화 방향을 간단명료하면서도 분명하게 서술해야 한다. 평가위원이 꼼꼼하게 읽는 것은 여기까지다. 따라서 핵심 내용이 명확하고, 쉽고, 간결하게 드러나야 한다. 특히 약어의 사용을 삼가고, 부득이하게 사용해야 한다면 전체 글자를 적은 후 약어 표시를 하도록 하자.

창업 배경

창업을 하는 이유는 단순하다. 돈을 벌기 위해서다. 그러나 그렇다고 솔직히 작성하면 절대 안 된다. 일반 창업이 아닌 정부 창업 과제를 이용하여 창업하려는 배경, 즉 본 사업을 해야만 하는 이유를 설명해야 한다. 기존 현황과 문제점을 기술하고 그 중에서 이 사업을 통해 어떤 문제점을 해결 또는 개선하겠다는 의지가 드러나도록 작성해야 한다.

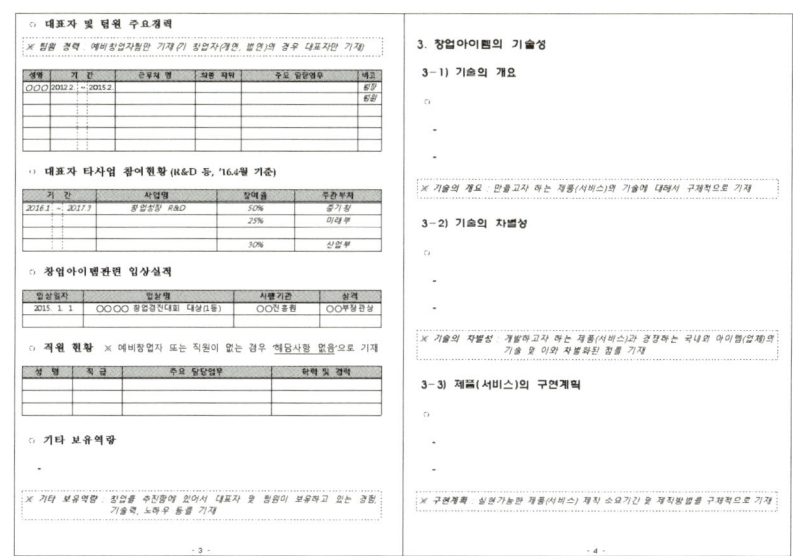

보유 역량

많은 사람들이 창업에서 가장 중요한 것이 창업 아이템이라고 생각한다. 그러나 정부 창업 과제에서는 창업 아이템뿐 아니라 창업자의 역량도 중요시한다. 창업 아이템이 아무리 좋다고 해도 창업자의 역량이 부족하다면 성공할 수 없기 때문이다. 잘 갖춰진 시스템으로 돌아가는 큰 회사가 아닌 작은 중소기업과 스타트업 기업은 대표자의 역량이 곧 그 회사의 역량으로 평가된다.

역량이라고 해서 학력이나 경력으로만 평가하는 것은 아니다. 창업자가 이 사업에 대해 얼마나 역량을 갖고 있는지는 다양한 방식으로 판단한다. 특히 많이 보는 것이 바로 창업 아이템에 대한 전문지식과 주요 경력, 창업을 위해 노력한 흔적(수료증, 이수증, 특허, 신용실안, 교육

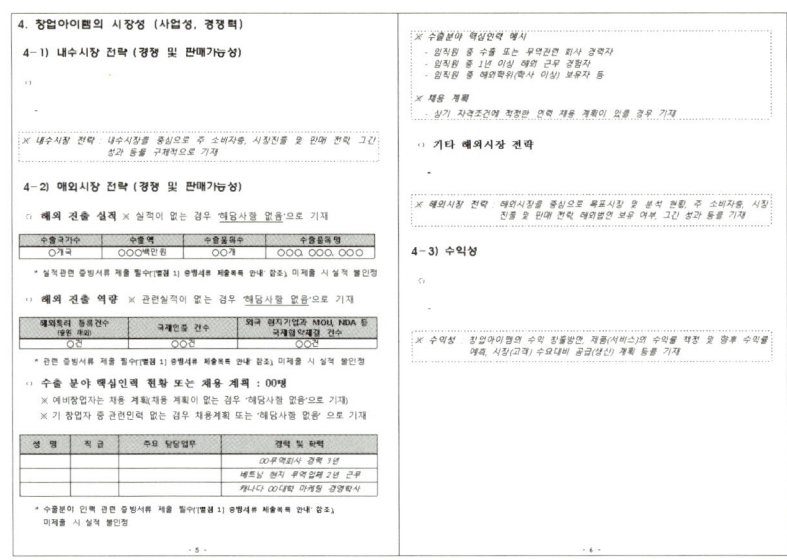

등) 등이다. 사업 계획서에는 창업 대표자의 역량뿐 아니라 팀원들의 역량도 기술하자. 그러나 가장 중요한 것은 역시 대표자 역량이라는 점을 잊어서는 안 된다.

창업 아이템 기술성

창업 아이템의 기술 개요와 기술의 차별성, 제품(서비스)의 구현 계획 등을 기술한다. 기술 개요는 창업자가 이 기술을 얼마나 알고 있는지를 쓰는 것이 아니다. 오히려 이 기술을 잘 모르는 평가위원들에게 간략히 소개한다는 생각으로 작성하는 편이 좋다. 그렇다고 너무 기술적으로 어렵게 들어가서도 안 된다. 일반적인 내용을 간략히 적고 자신의 창업 아이템과 관련된 기술 개요를 중점적으로 쓴다.

기술의 차별성은 기존 기술 또는 제품과 비교하여 창업 아이템의 차별성을 적는 것이다. 먼저 기술(제품)의 단점 혹은 문제점을 적고, 창업 아이템이 이를 어떤 식으로 개선할 수 있다고 구체적으로 적어서 차별성을 드러내는 것이 무난하다.

제품(서비스) 구현 계획은 선정되면 어떻게 창업 아이템을 만들겠다는 기술적인 계획을 적는다. 사실 아무것도 안 한 상태에서 사업 계획서만 들고 도전하는 것은 경쟁률이 치열한 상황을 고려하면 불리할 수밖에 없다. 따라서 어느 정도 진행시킨 다음 그 진행시킨 부분을 사업 계획서에 기술하고 선정 이후에 구현할 계획을 적는 것이 조금 더 유리하다.

창업 아이템 시장성

경영이나 마케팅을 전문적으로 공부하지 않은 사람들에게 시장성 조사는 상당히 어려울 수밖에 없다. 사실 경영이나 마케팅을 공부한 사람에게도 어렵기는 마찬가지다. 이 부분에서는 표와 차트, 그래프 등을 활용하는 것이 좋다. 국내뿐만 아니라 해외의 믿을 만한 자료도 인용하자.

시장성 분석은 끝이 없다. 더군다나 비전문가인 예비 창업자가 시간과 자금을 들여 조사할 수 있는 부분도 아니다. 이렇게 하기 어렵다는 것을 알면서도 사업 계획서에는 왜 이 부분이 들어 있을까? 바로 해당 창업 아이템에 대한 창업자의 열정을 파악할 수 있는 부분이기 때문이다. 최소한의 특허 조사도 하지 않고 창업 아이템을 개발했다면, 특허로 인하여 사업이 무산될 수도 있다. 창업 아이템도 중요하지만, 해당 아이템이 시장에서 성공할 수 있는지 파악하는 것이 더 중요하다는 뜻이다.

사업 추진 계획

사업 추진 계획은 선정될 경우를 가정하고 계획을 기술한다. 현재 예비 창업 팀의 인원과 선정 시 고용할 인원을 적는다. 적은 수만큼 꼭 고용해야 하는 것은 아니니 부담 없이 최상의 가정으로 기술하면 된다.

주요 업무는 팀이라면 담당자별로 업무를 분담해서 적는다. 외주 등 외부 조직이나 인력을 활용한다면 그에 대한 내용을 기술하면 된다. 예를 들어 특허와 관련된 일은 변리사에게 맡기겠다고 적으면 된

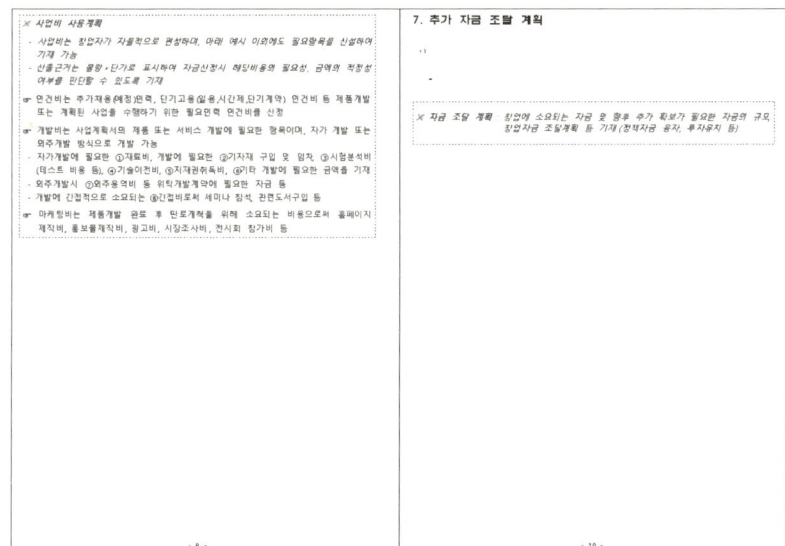

다. 만약 아는 변리사가 있다면 해당 업체명을 기입하자.

향후 추진 계획

사업 선정 이후의 계획이 아닌, 과제에 선정되어 이를 정상적으로 완료시킨 이후의 몇 년간 계획을 기술하도록 한다. 물론 지금 과제에 선정이 될지 말지도 모르는 상태에서 그 이후 계획까지 세우기는 현실적으로 무리가 아닐 수 없다. 그러나 향후 추진 계획이 현실적으로 이루어지기 어렵다는 것은 사업 계획서를 보고 있는 평가위원들도 다 안다. 다만 아무도 언급하지 않을 뿐이다. 그러니 최상의 시나리오를 가정하고 가벼운 마음으로 기술하면 된다.

추가 자금 계획

설마 정부 출연금만 가지고 창업하려는 생각은 아니길 바란다. 정부 출연금은 말 그대로 보조금일 뿐이다. 본 창업 아이템을 위한 전체 자금 규모를 산출하고, 출연금 외의 자금은 대출이나 투자 등을 받아서 마련한다고 기술한다.

이 부분 역시 현실적으로 쉽지 않다는 것을 평가위원들도 알고 있다. 그러나 만약 투자 의향서라든지 구매 의향서 등이 첨부된다면 평가 시 높은 점수를 받을 수 있다. 이럴 때 인맥을 활용하면 좋다.

가점 관련 증빙 서류

가산점에 해당하는 증빙 서류만 첨부한다. 이 부분은 보통 서면평

가에서 행정 직원들이 점수를 미리 계산해놓는다. 가산점으로 인정되는 증빙 자료들은 보통 지적재산권인 특허, 실용신안, 디자인 등록 등이며, 그 외에 공모전이나 경진대회 등의 수상 실적, 창업 교육 수료증 등이 인정된다.

만약 증빙 서류에 해당하는지 헷갈리는 부분이 있다면 공고문에 있는 연락처로 문의해서 확인하도록 한다.

기타 참고 자료

가산점에 해당하는 증빙 자료는 아니라도, 해당 사업 계획서와 관련 있는 자료가 있다면 첨부한다. 평가위원들이 이를 참고하여 정성적인 평가에 반영한다.

사업 계획서 작성 시 주의할 점

정부 창업 과제의 사업 계획서는 무에서 유를 창조하는 것이 아니다. 다시 말해 아무것도 준비 안 된 사람이 정부 창업 과제에 선정되어 그 자금만으로 창업하겠다는 생각이라면 큰 오산이다. 정부 창업 과제 경쟁률은 생각보다 높다. 지원하는 팀 상당수는 어느 정도 준비가 되어 있으며, 심지어 개발이 완료된 제품을 가지고 창업 과제에 지원한다. 즉, 정부 창업 과제는 0%에서 시작하는 것이 아니라 70~80% 정도 완료된 창업을 지원해준다고 생각하면 된다.

과제명(제목) 정하기

제목은 ① 목적, ② 적용 대상, ③ 목표, ④ 목표 기술 수준과 현재 ⑤ 기술 단계를 포함하되, 특히 목표와 기술 수준, 적용 대상은 반드시 포함되어야 한다. 특별한 이유가 있지 않는 한, 언급한 5가지를 순

차적으로 명확하게 작성한다.

과제명이나 부과제명을 작성할 때는 의도적 모호성은 배제되어야 한다. 의도적 모호성이란 연구 범위를 포괄적으로 제시하거나 과제명에 기술 수준이나 목표가 불분명한 경우를 말한다.

또한 기술적, 직접적으로 연관성이 적은 용어와 화려한 미사여구 등은 사용을 삼간다. 단, 구체적인 규격이나 범위 등을 함께 활용하여 작성한다.

- 부적절한 예: 고부가가치, 차세대, 첨단, 녹색, 그린, 초고속
- 적절한 예: 최고 400Km/h 초고속 열차
- 부적절한 예: 저전력
- 적절한 예: 시간당 10W 전력 소비

목적이 불명확한 예시

기존	정정
유무선 통합 중계기용 60GHz급 밀리미터파 기반 트랜시버 응용 기술 개발	6Gbps 무선 멀티미디어 통신 서비스 제공을 위한 유무선 통합 중계기용 60GHz급 밀리미터파 기반 트랜시버 응용 기술 개발

적용 대상이 불명확한 예시

기존	정정
IT 조명 통신 융합을 위한 380~780나노미터 가시광 RGB 선별 무선통신 기초 원천기술 개발	IT 조명 통신 융합을 위한 LED용 380~780나노미터 가시광 RGB 선별 무선통신 기초 원천기술 개발

목표와 단계가 불명확한 예시

기존	정정
해외 의약품 인증기관의 승인을 위한 TRPY1 길항제, PAC-14028을 이용한 치료제 개발	해외 의약품 인증기관의 승인을 위한 TRPY1 길항제, PAC-14028을 이용한 아토피 및 염증성 대장염 치료제 원천기술 개발

기초적인 한글 맞춤법에 유념하자

맞춤법 역시 소홀히 여겨서는 안 될 부분으로, 오·탈자가 없도록 꼼꼼한 검토가 필요하다.

오류	정정
~있습니다.	~있습니다.
~이 됐다.	~이 되다.
~않 돼, ~안 되	~안 돼
몇 일	며칠
들어나다	드러나다

일반적이지 않은 약어는 되도록 사용을 삼가자

작성자의 의도가 명확하게 드러나도록 이해하기 쉽고 직관적인 용어를 사용해야 한다.

기존	정정
PPP	Point to point protocol(PPP)
AAA	Authentication Authorization Accounting(AAA)
ABS	Anti-lock brake system(ABS)

주제어를 중심으로 60자(20단어) 안팎으로 작성하자

과제의 목적과 방향이 한눈에 파악될 수 있도록 적절한 주제어를 배치하여 작성한다.

속성	표현 방법	작성 방법	작성 사례(예시)
목적	'~을 위한'의 형태	과제를 통해 해결하고자 하는 과학적, 공학적, 사회적 목적이나 파급효과 등을 표현	Euro-6 배기가스 규제 대응을 위한
적용 대상	'~용'의 형태	과제 결과의 1차 적용 대상이나 결과물이 적용될 시장, 산업 분야 등을 구체적으로 표현	디젤자동차용
목표	'~기술'의 형태	과제를 통해 구현될 기술(서비스)을 표현	엔진시스템 기술
목표 수준	'~급'의 형태	기술 수준, 핵심 성능과 사양 등을 정량적으로 표현	최고 효율 50% 이상 증가된 2L급
단계		'기초/응용/개발' 등 기술 개발 단계를 표현하며, 기술 개발 단계 표현이 불가하면 전체 과제명으로 파악 가능하도록 작성	개발 단계

기존 기술(제품)과의 차별성을 드러내자

기술, 경제·산업적 중요성 및 개발의 필요성을 구체적으로 작성한다. 제안한 기술 개발과 관련한 국내외 시장 현황 등을 서술하고, 기술적 측면의 기술 이동, 환경 변화 등 개발의 필요성 등을 서술한다.

국내외의 기술 동향을 객관적이고 구체적으로 쓰는 것이 좋다. 국내외 주요 기업의 제품이나 서비스 등의 현황, 문제점, 기술 개발 관련 특허 현황 등을 서술한다. 국내외 연구 동향은 정부 산하 연구소의 연구 동향 보고서를 참고하자. 창업 관련 기술을 다루는 정부 산하 연구소나 진흥원 등의 홈페이지 자료실을 참고하면 다양한 자료를 구할 수 있다. 또 삼성경제연구소를 비롯해 다양한 민간 연구소에서도 무

출처 표기의 바른 표기 예시

기존		정정
출처 :http://blog.naver.com/PostView.nhn?blogId=bizhospital&logNo=220591498774		출처: 2013 중소기업 기술로드맵 안전보안 산업[시장] 분석 물리보안 전략 분야 현황 분석(2013, 중소기업청)

료로 자료를 내려받을 수 있다. 거기에 국내외 특허 현황을 추가하자. 특허정보넷인 키프리스(www.kipris.or.kr)에서 특허 자료를 무료로 검색할 수 있다.

출처와 근거 자료를 작성하자

시장 규모, 국내외 경쟁 기술, 목표 설정 등 근거를 바탕으로 작성한다. 근거란 웹사이트 주소나 신문 기사가 아닌, 신뢰할 수 있는 자료여야 한다. 인터넷에서 검색한 자료라도 원본 자료를 검색하여 출처를 밝혀서 작성한다. 논문의 참조 자료$_{Reference}$와 유사하다.

신규로 개발하는 기술(제품)의 기초실험 결과, 시료(샘플)자료, 분석 자료 등을 표 형태로 정리하여 추가하도록 하자.

일정 작성하기

일정은 간트 차트를 이용하여 월 단위 혹은 주 단위로 구분하여 구체적으로 작성한다. 개발 기간은 창업 과제의 사업 기간과 동일하게 한다. 즉, 창업 전 과정이 아니라 정부 창업 과제에 해당하는 부분만 작성하자.

일정 작성 예시

세부 추진 내용	1개월	2개월	3개월	4개월	5개월	6개월
벨트 구동 메카 설계 및 제작	■	■	■			
외함 케이스 설계 및 제작		■	■			
도어 글라스 설계 및 제작		■	■			
메인 프레임 설계 및 제작	■	■				
얼굴 인증 기반 출입 개발			■	■		
지문 인증 기반 출입 개발				■	■	
성능 테스트						■

예산 작성하기

흔히 예산 작성 부분을 소홀히 하는 경우가 많다. 일단 어떻게 작성해야 하는지 잘 모르는 탓이다. 예산은 해당 사업의 운영 규정집을 참고하자. 모든 정부 과제는 법에 근거를 두고서 운영 규정을 정리해두었다. 평가도 이 운영 규정을 기반으로 이뤄진다. 따라서 지원하는 정부 과제가 있다면 반드시 운영 규정집을 꼼꼼히 살펴보기 바란다. 해당 규정집에 사용 가능한 예산 범위가 구체적으로 기술되어 있다. 만약 자신이 사용하려는 예산이 규정집에 명확히 기술되어 있지 않다면 사업 담당자(공무원)에게 문의해보기 바란다.

평가위원들은 예산 부분을 꼼꼼히 확인한다. 사용할 수 없는 지출 항목에 대한 예산이 기술되어 있다면 이는 상당한 감점 요인이다. 특히 대부분의 정부 과제에서 지원하지 않는 항목(모니터, 프린터, 노트북 등)에 예산이 잡혀 있다면, 이는 탈락으로 가는 지름길이다.

기대 효과 및 향후 전망 작성하기

창업 대상 기술의 효과와 활용 분야를 서술한다. 기술적 파급 효과 및 경제·산업적 수입 대체, 비용 절감, 시장 창출 가능성 등을 서술한다. 또 창업에 성공하였을 경우를 가정하여 다른 분야로 확장 가능한 부분을 전망하여 서술한다.

중복성 검증하기

사업 계획서 서면평가 시에 제목, 키워드 등을 이용하여 중복성 검증을 수행한다. 기존 과제와 유사 혹은 중복 과제로 판별되면 서면평가에서 탈락한다. 과제명을 구체적으로 서술하여 기존 과제와 차별되도록 한다.

사업 계획서의 유기적 연결

사업 계획서는 최종 목표 달성을 위한 목표와 개발 내용을 명확히 하고 해당 내용을 바탕으로 작성해야 한다. 많은 사람들이 조금 더 많은 내용을 작성하고자 하는 마음에 자신이 하려는 사업 전반에 걸친 내용을 작성하는 실수를 한다. 그러나 이는 오히려 목표와 개발 내용을 불명확하게 만들어 평가위원들에게 혼란을 초래한다. 그러므로 자신이 하려는 전반적인 사업이 아니라 창업 과제를 이용하여 지원받으려는 기술(제품, 서비스)과 직접적인 연관이 있는 부분만 작성한다.

개요부터 시장 현황, 개발 내용, 일정, 예산, 기대 효과 등을 일관성 있는 흐름으로 작성하자. 모든 내용을 사업 계획서에 넣을 필요는 없

평가위원이 작성하는 평가표 예시

청년 등 사회적기업가 육성사업 창업팀 1차 평가표

신청기관(팀)				
사 업 명				
대 표			(창업여부 O, ×)	

평가항목	세부평가항목	평가결과	
		배점	평가점수 (해당점수표시)
사업실현 가능성 (20)	• 사업계획의 구체성 - 시장 및 상품에 대한 분석이 자세하고 타당한지 - 일정별 치밀한 사업계획 수립 여부	5점	5 4 3 2 1
	• 자본조달 및 운용계획(사업비 신청 내역의 적정성)	5점	5 4 3 2 1
	• 사업모델의 수익성과 지속가능성 - 4P(Product-제품, Price-가격 정책, Place-판매 채널, Promotion-고객커뮤니케이션) - 시장에서의 수요 및 경쟁 용이성	5점	5 4 3 2 1
	• 사업진행시 예상되는 문제에 대한 대응 방안	5점	5 4 3 2 1
아이디어의 참신성 (30)	• 사업모델(상품·서비스)의 혁신성, 독창성 - 유사사업과의 차별성	10점	10 8 6 4 2
	• 사회 문제에 접근하는 혁신성	10점	10 8 6 4 2
	• 장애 요인 해결을 위한 혁신적인 아이디어	10점	10 8 6 4 2
사업의 사회적 가치 (30)	• 해결하고자 하는 사회적 문제 인식을 통한 가치 창출 과정 및 방법의 합리성	10점	10 8 6 4 2
	• 창출된 사회적 가치의 지속성	10점	10 8 6 4 2
	• 사회적 가치의 양적 효과(규모, 파급력)	10점	10 8 6 4 2
기업가적 자질 (20)	• 사업 분야에 대한 경력 및 전문성	5점	5 4 3 2 1
	• 사회 공헌, 사회 봉사 경력	5점	5 4 3 2 1
	• 인적자원 자원연계 동원여부	5점	5 4 3 2 1
	• 경영시스템(성과 측정 및 평가, 보상, 회계원리 적용, 지배구조)에 대한 이해	5점	5 4 3 2 1
합계		100점	
사업비 평가	신청과제의 목표, 내용 등을 검토하여 신청 사업비(천원) → 적정 예상사업비(천원)로 산정 표기	신청 사업비	적정예상 사업비
총평			

2017. . .
위원   (서명)

다. 꼭 필요하다고 생각되는 부분들을 유기적으로 연결시키는 것이 가장 중요하다.

기술 이전과 통상 실시권

기술을 꼭 직접 개발해야만 하는 것은 아니다. 연구소나 대학교 등을 통하여 기술 이전 혹은 통상실시권을 이전 받는 방법으로 기술을 확보할 수도 있다.

평가표 항목에 맞추어 사업 계획서 작성하기

평가위원은 평가표 항목에 맞춰 평가하고 총평도 작성해야 한다. 주어진 시간 안에 사업 계획서를 읽고 발표 자료를 보고 발표자의 말을 듣고 각 평가 항목에 점수를 채점하고 총평까지 작성해야 하는 것이다. 한마디로 평가위원은 매우 바쁘다. 그러므로 사업 계획서를 작성할 때는 세부 평가 항목이 잘 나타나도록 작성하자. 평가표는 창업 과제마다 그 성격이 다를 수 있으므로 각 과제의 평가표를 찾아 참고하기 바란다. 만약 평가표에서 바라는 세부 평가 항목을 사업 계획서에서 찾기 어렵거나 찾을 수 없다면 이는 바로 감점 요인이 된다.

동시 수행 과제 수 제한

아래 내용은 일반적인 정부 창업 과제에는 해당하지 않는다. 그러나 R&D를 기반으로 한 창업이라면 해당될 수 있으므로, 관련 규정에 어긋나지 않는지 사전에 꼭 확인하자.

관련 규정 (3책 5공)

'국가연구개발사업의 관리 등에 관한 규정' 제32조 제2항 "연구자가 동시에 수행할 수 있는 연구개발과제는 최대 5개 이내로 하며, 그 중 연구책임자로서 동시에 수행할 수 있는 연구개발과제는 최대 3개 이내로 한다. 다만, 다음 각 호의 어느 하나에 해당하는 연구개발과제는 포함하지 아니한다.

- 제6조 제4항에 따른 신청 마감일부터 4개월 이내에 종료되는 연구개발과제
- 사전조사, 기획, 평가연구 또는 시험, 검사, 분석에 관한 연구개발과제
- 세부과제의 조정 및 관리를 목적으로 하는 연구개발과제

적용 대상

적용 대상은 다음과 같다.

- 중앙행정기관 또는 전문기관과 주관연구기관이 체결한 연구개발과제의 협약서에 참여연구원(연구책임자 포함)으로 등록되어 수행하고 있는 연구개발과제
- 세부과제의 연구책임자 및 참여연구원도 상기 협약서에 참여연구원으로 등록되어 있다면 포함

판단 기준

적용 대상의 판단 기준은 다음과 같다.

- 중앙행정기관 또는 전문기관과 주관연구기관이 체결한 연구개발과제(총괄과제) 책임자는 3책에 포함
- 전체 참여연구원(총괄과제 책임자, 과제 참여연구원, 세부과제 책임자, 세부과제 참여연구원)은 5공에 포함(단, 세부과제 책임자 및 세부과제 참여연구원은 상기 협약서에 명시되어 있는 경우에 한함)
- 위탁과제의 연구책임자 및 참여연구원은 미적용

참고

'국가연구개발사업의 관리 등에 관한 규정' 제32조 제2항은 모든 부처의 국가연구개발사업의 연구개발과제에 공통 적용되며, 각 부처 또는 전문기관별로 다르게 규정하는 부분은 해당 부처의 연구개발과제 내에서만 적용된다.

부록

1. 2017년도 정부 창업 지원 사업 현황
2. 지역별 창조경제혁신센터
3. 지역별 창업 선도 대학

1. 2017년도 정부 창업 지원 사업 현황

사업명	모집 구분		총 예산 (억 원)	소관 부처
	지원 대상	사업 내용		
창업 교육				
• 창업 교육 지원				
− 청소년 비즈쿨	초·중·고등학생 등 청소년	모의 창업 교육을 통한 청소년 기업가 정신 함양	76.6	중기청
− 창업 아카데미	대학생, 예비 및 3년 미만 기창업자	체계적인 창업 교육 지원을 통해 창업 저변을 확대하고 우수 예비 창업자 육성 지원	20.8	중기청
• 창업 대학원	창업학 석사과정 희망자	창업 전문가(창업 교육, 컨설팅 등) 양성	7.2	중기청
• 장애인 맞춤형 창업 교육	장애인 예비 창업자 및 장애인 기업	(예비 창업자) 창업기초 교육 및 업종별 특화 교육	9.7	중기청
• 시니어 기술 창업 지원	만 40세 이상 (예비) 창업자	중장년(40세 이상) (예비) 창업자가 경력·네트워크·전문성을 활용하여 성공적인 창업을 할 수 있도록 지원	47.4	중기청
• 스마트 창작터	예비 창업자 및 3년 이내 창업 기업	온라인 플랫폼을 통한 체험형 창업 교육과 네트워킹 및 팀원 구성 행사 등 오프라인 행사를 제공하고 우수 팀에게는 후속 연계 지원	98.4	중기청
• 대학 창업 교육 체계 구축	대학생 및 대학 교수 등 대학 관계자	체계적인 창업 교육 지원을 통해 창업 저변을 확대하고 우수 예비 창업자 육성 지원	15.5	교육부
• 스포츠 산업 창업 지원	스포츠 산업 예비 창업자	체계적인 창업 교육 지원을 통해 창업 저변을 확대하고 우수 예비 창업자 육성 지원	26.5	문체부
	스포츠 산업 3년 미만 초기 창업 기업	유망한 초기 창업자를 발굴하여 투자 및 육성 지원		문체부

시설·공간				
• 크리에이티브 팩토리 지원 사업	예비 창업자 및 7년 미만 창업 기업	(예비) 창업자의 우수한 아이디어·기술의 신속한 사업화를 위해 아이디어 기획부터 시장 진출까지 사업화 단계별 맞춤형 지원	80	중기청
• 창업보육센터 지원				
− 건립 지원 사업	창업보육센터	창업보육센터(BI)의 노후 시설 개선, 일반 건물의 BI 전환 등의 리모델링 지원을 통해 창업보육센터 보육 환경 개선	30	중기청
− 보육 역량 강화 지원	창업보육센터	창업보육센터(BI)의 보육 역량 강화를 위해 BI별 입주기업의 보육 역량 프로그램 개발 및 운영 지원	72	중기청
• 시제품 제작터 운영	예비 창업자 또는 창업 기업	(예비) 창업자의 창업 아이템을 '디자인 → 설계 → 모형 제작'까지 일괄 지원을 위해 시제품 제작터를 구축, 운영	−	중기청
• 1인 창조 기업 비즈니스센터	1인 창조 기업 및 예비 1인 창조 기업	1인 창조 기업에 사무 공간 및 교육, 멘토링 등 경영 지원	66	중기청
• 장애인 창업 보육실 운영	장애인 예비 창업자 및 창업 초기 장애인 기업(3년미만)	사무 편의를 위한 사무기기 및 집기류 등제공 입주 기업 인프라 및 네트워크 구축 지원	6.5	중기청
• 장애인 창업 점포 지원	장애인 예비 창업자	창업 역량을 갖춘 장애인 예비 창업자에게 점포 전세 보증금 및 시설 비용, 컨설팅 지원	28.6	중기청
• K-Global 빅데이터 스타트업 지원	대학생, 예비 및 기 창업자 등	대용량 분석 인프라와 기술 노하우를 바탕으로 빅데이터 창업 및 사업화 지원	8.4	미래부
• K-Global 스마트 콘텐츠 허브 활성화 사업	스마트 콘텐츠 제작, 서비스, 마케팅 등 관련 분야의 국내 유망 중소기업	국내 스마트 콘텐츠 유망 중소기업 인프라 지원 및 개발, 마케팅, 해외 진출 지원 등 운영을 통한 글로벌 강소기업 육성 기반 마련	8	미래부

멘토링·컨설팅

사업명	대상	내용	예산(억)	부처
• 선진 글로벌 교육 제공 (K-Global 기업가 정신 및 인큐베이팅 인턴십)	ICT 기반 우수 유망 스타트업, 중소·중견 벤처 기업 대표(내국인) 및 해외 진출 가능성이 높은 국내 우수 스타트업	미국 스탠포드대 변화와 혁신 'Design Thinking' 교육, 비즈니스 멘토링, 네트워킹 지원 및 해외 현지화 인큐베이팅 인턴십 프로그램 지원	7	미래부
• 벤처 1세대 멘토링 프로그램 운영 (K-Global 창업 멘토링)	ICT 기반 창업 초기·재도전 기업, 대학 창업 동아리	벤처 1세대의 경험과 노하우를 활용, 창업 초기·재도전 기업 및 대학 창업 동아리에게 성공 확률을 높이는 밑거름으로 작용할 수 있도록 상시 멘토링 지원 및 기업가 정신 함양을 위한 실전 창업 교육, 창업에 관한 정보 교류 네트워킹, 글로벌 연수 프로그램 지원	29.9	미래부
• 6개월 챌린지 플랫폼 사업	아이디어 사업화를 준비하는 예비 창업자 및 신청일 기준 창업 1년 이내 기업	창조경제혁신센터에 접수된 (창조경제타운에 등록된) 아이디어를 선별하여 아이디어 구체화(사업화 모델개발 등), 권리화(특허출원 등), 실증화(시제품 제작, 기술 도입 등), 시장 검증(데모 데이 등), 공공 기술 연계 등을 선별적 지원	112.5	미래부
• 액셀러레이터 연계 지원 사업	혁신센터를 통해 검증된 창업 기업, '6개월 챌린지 플랫폼' 졸업 기업 등	엑셀러레이터를 통한 보육 및 멘토링 지원, 투자 받은 기업 등에 창업 자금(초기 R&D) 지원	91	미래부
• 우주기술 기반 벤처 창업 지원 및 기업 역량 강화(STAR-Exploration) 사업	우주기술을 활용한 창업·신사업 창출에 관심 있는 예비 창업자 및 기업	창업·사업화 컨설팅 및 시제품 제작 지원	2.5	미래부
• 농식품 크라우드펀딩 컨설팅 비용 지원	창업 7년 이내 농식품 기업	창업 초기에 필요한 자금을 마련할 수 있도록 크라우드 펀딩 컨설팅 비용 지원	1.2	농식품부

• 농촌현장 창업 보육	창업 5년 미만 농식품 기업	창업보육센터 입주가 어려운 농식품 기업을 대상으로 전문가가 직접 현장에 찾아가 컨설팅 제공	4.8	농식품부
• IP 디딤돌 프로그램	예비 창업자	창의적 아이디어를 사업 아이템으로 구체화하고, 실제 창업까지 연계될 수 있도록 맞춤형 지원	26	특허청
• IP 나래 프로그램	기술 기반 창업 기업	기술 기반 창업 기업의 아이디어 제품이 독점 시장을 확보할 수 있도록 특허 포트폴리오 구축 등 지원	72	특허청
사업화				
• 창업 사업화 지원				
− 창업 도약 패키지	3년 이상 7년 미만 창업 기업	사업 아이템의 경쟁력과 사업 모델 차별화 가능성이 높은 창업 기업을 발굴하여 사업 모델(Business Model) 개발, 아이템 검증·개발, 시장 진입 등을 도와 창업 기업의 빠른 수익 창출 도모	500	중기청
− 선도 벤처 연계 기술 창업	예비 창업자 및 3년 미만 창업 기업	선도 벤처 기업과 협업하여 (예비) 창업자에게 창업 준비 공간, 시제품 제작, 전담 멘토링, 사업기획 등의 비용 지원	70	중기청
− 창업 인턴제	대학(원) 재학(대학생은 4학기 이상 수료자) 및 고등학교·대학(원) 졸업 후 7년 이내 미취업자	유망 중소·중견 기업 인턴십 경험 및 사업화 지원을 통해 예비 창업자의 성공 창업 도모	50	중기청
− 민관 공동 창업자 발굴 육성 (TIPS 창업팀 지원)	TIPS 창업팀 중 3년 미만 창업 기업 (창업 사업화 자금 지원)	TIPS 창업팀을 대상으로 시제품 제작, 지재권 출원, 마케팅 등 사업화 자금 지원 (최대 1억 원 차등 지원)	150	중기청
	TIPS 창업팀 중 7년 미만 창업 기업 (해외 마케팅 자금 지원)			

- 스마트벤처창업학교	만 39세 이하 예비 창업자 및 3년 이내 창업 기업	앱, 콘텐츠, SW융합 등 유망 지식서비스 분야의 사업 계획수립 개발, 사업화까지 창업 전 과정을 집중 지원	121.5	중기청
- 상생 서포터즈 청년 창업 프로그램	7년 미만 창업 기업, 벤처 기업	대기업·공기업 등과 정부가 공동 재원 조성	100	중기청
• 창업선도대학 육성	예비 창업자 및 3년 미만 창업 기업	유망 창업 아이템 및 고급 기술을 보유한 (예비) 창업자를 발굴하여 창업 선도 대학 인프라 내에서 성공적인 창업 활동 지원	922	중기청
• 창업 성공 패키지 (청년창업사관학교)	만39세 이하로 창업 3년 이내의 자(기업)	기술성 및 사업성이 우수한 (예비) 창업자의 원활한 창업 활동과 지속적인 성장을 위해, 창업 계획 수립부터 사업화까지 창업 단계별 지원	500	중기청
• 여성 벤처 창업 케어 프로그램	여성 예비(벤처) 창업자	벤처 창업을 희망하는 여성을 대상으로 비즈 플랜 캠프, 전문 창업 교육과 CEO 밀착 멘토링, 사업화 과제 해결 등 지원	5	중기청
• 장애인 기업 제품 디자인 및 시제품 제작 지원	장애인 예비 창업자 및 장애인 기업	초기 단계 기술 개발비용 지원을 통해 유망한 아이디어의 상품화 지원, 자생적 경쟁력 강화	4.7	중기청
• 패키지형 재도전 지원 사업	(예비) 재창업자 또는 재창업3년 미만 기업	우수 (예비) 재도전기업인을 발굴하여 실패 원인 분석 등 재도전 교육과 재창업 사업화 지원	125	중기청 미래부
• K-Global Re-Startup 민간 투자 연계 지원 사업	7년 미만의 창업 기업	민간 투자를 통해 시장성이 검증된 ICT 분야 재도전 기업에 대해, 정부가 1:1 ~ 1:3 규모(최대 3억 원)의 매칭 자금 지원	50	미래부
• K-Global Startup 공모전	ICT 분야(SW, IoT, DB 등) 예비창업자 및 창업 기업	ICT 분야 창의적 아이디어를 공모·발굴하여, 창업·사업화·해외 진출 지원	10	미래부

사업명	대상	내용	예산	부처
• K-Global 액셀러레이터 육성	ICT 및 SW 분야 예비 창업자, 재도전 기업, 스타트업, 벤처기업	국내외 ICT 및 SW 액셀러레이터의 파트너십 구축을 통하여 국내 유망 스타트업 공동 발굴 및 육성	18	미래부
• K-Global Startup 스마트 디바이스	스마트 디바이스 분야 중소, 벤처, 창업 기업 및 예비 창업자, 학생 등	스마트 디바이스 분야의 창의적 아이디어 발굴과 기술·디자인·비즈니스 등 시제품 개발 지원, 교육 프로그램 운영	14	미래부
• K-Global 스마트 미디어	신규 스마트 미디어 서비스 아이디어를 가진 중소·벤처 개발사, 1인 창조 기업 등	스마트미디어X캠프를 개최하여 아이디어 발표 및 플랫폼 사와의 상용화 매칭 기회 제공, 우수 참가자에 개발 및 상용화 자금 지원	7	미래부
• K-GlobalDB-Stars	데이터 활용 BM(아이디어)을 보유한 연 매출 5억 원 미만의 스타트업, 개인 개발자	데이터 활용에 핵심 가치를 둔 우수 스타트업을 발굴·육성을 목적으로 데이터 기반의 특화 프로그램 지원	4.5	미래부
• K-Global 클라우드 기반 SW 개발 환경 지원	예비 창업자 및 스타트업	클라우드 기반 SW 개발 환경 및 인프라 지원	4	미래부
• K-Global IoT 챌린지	IoT아이디어 및 기술을 보유한 스타트업 및 중소기업	IoT 제품 양산 및 보안 내재화를 위한 컨설팅, 글로벌 민관협의체의 기술 및 네트워크, 인프라 등 제공	1.4	미래부
• K-Global Startup IoT신제품 개발지원 사업	예비 창업자, 스타트업, 중소·벤처기업	IoT 관련 창의적 아이디어를 가진 예비 창업자·스타트업·중소 벤처기업 등에게 제품 개발에 필요한 DIY 개발 환경과 시제품 제작비 등 지원	3.6	미래부
• K-Global 스타트업 다국적화 지원	ICT 해외 인력 채용 계획이 있고 이를 활용해 조직 구성 다국적화, BM 및 사업 아이템의 글로벌화를 희망하는 국내 스타트업	외국인 인재 채용 시 인건비 지원과 멘토링, 컨설팅, 교육 맞춤형 지원	20	미래부

• 사회적 기업가 육성 사업	예비 창업자 또는 1년 미만 창업 기업	사회적 기업가로서의 자질과 혁신적인 사회적 기업 창업 아이디어를 보유한 창업자(팀)를 선발하여, 창업 공간·창업 비용·교육·멘토링 등을 제공하여 사회적 기업 창업의 전 과정 지원	150	고용부
• 창업 발전소 스타트업 육성 지원	예비 창업자 및 창업 3년 미만 기업	초기 창업 기업 육성 지원을 위한 사업화 자금, 입주비, 홍보·마케팅 등 지원	15	문체부
• 관광 벤처 사업 발굴 및 지원	예비 창업자 및 창업 3년 미만 기업, 창업 3년 이상 중소기업	(예비) 관광 벤처 사업을 공모전을 통해 선발하여 사업화 자금·관광 특화 창업 교육·컨설팅·홍보·마케팅·투자 유치 및 판로 개척 지원	22	문체부
• 기술 가치 평가 지원	농식품 관련 IP(품종보호권, 특허권 등)를 보유한 농식품 창업 기업	농식품 벤처 창업 기업이 보유한 우수기술에 대한 기술 가치 평가 비용을 지원하여 투·융자 자금 지원을 받을 수 있는 여건 마련	2.4	농식품부
R&D				
• 창업 성장 기술 개발 창업 기업 과제	창업 후 7년 이하인 중소기업	창업 후 7년 이하인 창업 기업에게 필요한 기술 개발 자금 지원	1,306	중기청
• 창업 성장 기술 개발 기술 창업 투자 연계 과제	창업 후 7년 이하인 중소기업	액셀러레이터(엔젤 투자·보육 전문 법인), 크라우드펀딩, 전문 엔젤 등이 주도로 선별·투자한 창업 기업을 대상으로 기술 개발 지원	645	중기청
• 창조 혁신형 재도전 기술 개발 사업	예비 재창업자 및 재창업 기업(7년 미만)	일반 R&D 사업에 선정되기 어려운 재기 중소기업의 창의성·혁신성 및 아이디어가 우수한 시제품 개발 지원	38	중기청

사업명	지원대상	지원내용	예산(억)	부처
• K-Global ICT 유망 기술 개발 지원 사업 (ICT 창업·재도전 기술 개발 지원)	(창업) 예비 창업자 및 창업 1년 미만의 중소·벤처 창업 기업 (재도전) 재도전 기업인의 재창업 기업 * 재창업 기업의 경우 신청일 기준 3년 이내 법인 설립 기업에 한함	ICT 분야 창업을 활성화하고 선순환적 창업 기반을 강화하기 위하여 신기술과 우수 아이디어를 활용한 창업 기술 개발 지원	30	미래부
• 투자 연계형 기업 성장 R&D 지원	중소기업창업지원법 제2조 제2호에 따른 창업 기업(팀)	검증된 사업 모델과 기술을 가진 창업 기업이 시장에 안착하고 성장할 수 있도록 민간 투자와 연계하여 R&D 자금 지원	120	미래부
• K-Global SW 전문 창업기획사	ICT 및 SW 분야 예비 창업자, 재도전 기업, 스타트업, 벤처기업	액셀러레이팅 프로그램 운영을 통해 유망 스타트업 발굴, 초기 투자, 멘토링 등 지원	15	미래부
• 농식품 벤처 창업 R&D 바우처 사업	창업 및 벤처 최초 인증 5년 이하 중소기업	창업·벤처 기업에서 필요한 연구 개발 자금 지원(바우처 쿠폰 지급)	-	농식품부
판로·해외 진출				
• 글로벌 창업 기업 발굴·육성 프로그램	(글로벌 진출 지원) 5년 미만 창업 기업 (외국인 창업) 학사학위 이상 취득한 ①외국인, ②재외 동포, ③귀환 유학생 중 예비 창업자 또는 3년 미만 창업 기업	(글로벌 진출 지원) 국내 멘토링, 현지 보육 및 해외 마케팅비 지원 (외국인 창업) 시제품 제작, 창업 비자, 마케팅비 등 지원	53	중기청
• 1인 창조 기업 마케팅 지원	1인 창조 기업 및 예비 1인 창조 기업	1인 창조 기업에 디자인 개발, 홈페이지·홍보 영상 제작 등 마케팅 지원	40	중기청
• K-Global 해외 진출 사업	ICT 융합 분야 예비 및 7년 이내 기창업자	국내 스타트업 및 벤처기업이 세계 시장을 지향하여 창업하고 성장할 수 있도록 글로벌 창업 및 해외 진출 지원	51.8	미래부
• K-Global 데이터 글로벌	데이터 분야 스타트업, 중소·중견기업	데이터 솔루션 현지화 지원, 데이터 기업 수출 마케팅 지원	3.6	미래부

	• 농산업체 판로 지원	농식품 분야 7년 미만 창업 업체 제품	농식품 분야 창업 초기 업체의 제품 전시 홍보를 통해 시장성 평가, 소비자 반응 확인	3	농식품부
행사·네트워크					
	• 벤처 창업 대전	벤처·창업 기업, 청년 기업 등	벤처 창업 유공자 포상, 전시회, 부대 행사 등 지원	2.3	중기청
	• 대한민국 창업 리그	예비 창업자 및 3년 이내 창업 기업	창업 경진대회를 통해 우수 창업 아이템(아이디어)을 갖춘 (예비) 창업자를 발굴·지원하여 전 국민 대상 창업 분위기 제고	14	중기청
	• 장애인 창업 아이템 경진대회	장애인 예비 창업자 및 창업 1년 미만 장애인 기업	창업 아이템 발굴 포상을 통한 장애인의 경제활동 의욕 고취 및 창업 성공률 제고	0.5	중기청
	• 여성 창업 경진대회	예비 여성 창업자 및 2년 미만 여성 기업 (공고일 기준)	여성 창업자들의 창의적이고 우수한 창업 아이템 조기 발굴·육성	0.9	중기청
	• 2017 농식품 창업 콘테스트	농식품 분야 창업 5년 이내 (예비) 창업자	농식품 분야의 창의적인 아이디어를 가진 (예비) 창업자를 발굴하고, 집중 지원을 통해 성공 사례로 육성하여 창업 붐 조성	4	농식품부
	• 대한민국 지식재산 대전	전 국민	발명특허대전, 상표디자인전, 서울국제발명전 개최	12.7	특허청
총계					

- 출처: 중소기업청 공고 제2016-410호, 미래창조과학부 공고 제2016-578호

2. 지역별 창조경제혁신센터

센터 특화 산업 홈페이지 주소	주관 기업	전화
강원창조경제혁신센터	NAVER	033-248-7900
빅데이터, O2O, 관광		
https://ccei.creativekorea.or.kr/gangwon/		
강원도 춘천시 강원대학길1(강원대학교, 한빛·보듬관 2층)		
경기창조경제혁신센터	KT	031-8016-1102
핀테크, 게임, IoT, 글로벌 진출 지원		
https://ccei.creativekorea.or.kr/gyeonggi/		
성남시 분당구 삼평동 629 판교테크노밸리내 공공지원센터 1F, 5F		
경남창조경제혁신센터	두산	055-256-2700
메커트로닉스, 대체 수자원, 항노화		
https://ccei.creativekorea.or.kr/gyeongnam/		
(본원) 경남 창원시 의창구 창원대로 18번길 46 경남창원과학기술진흥원 2층		
(분원) 경남 진주시 문산읍 월아산로 991 바이오산업진흥원 성장지원동 3층		
경북창조경제혁신센터	삼성	054-470-2614
스마트 팩토리 확산, 융합형 신사업 발굴		
https://ccei.creativekorea.or.kr/gyeongbuk/		
경상북도 구미시 구미대로 350-27(신평동 188) 모바일융합센터 2층		
광주창조경제혁신센터	현대자동차	062-974-9360
FCEV(수소전기자동차)인프라, 전통시장 리모델링		
https://ccei.creativekorea.or.kr/gwangju/		
(본원) 광주광역시 북구 첨단과기로 123 (오룡동) 광주과학기술원 1층		
(분원) 광주광역시 서구 천변좌로 268 KDB생명빌딩 16층		
대구창조경제혁신센터	삼성	053-759-6380

첨단 소재 에코산업단지 클러스터 조성, AP-TP(Advanced Pohang Technology Partnership)

https://ccei.creativekorea.or.kr/daegu/

대구광역시 동구 동대구로 489(신천동) 대구무역회관 1·3층

| 대전창조경제혁신센터 | SK | 042-385-0666 |

글로벌 벤처스타 육성 및 기술사업화 지원

https://ccei.creativekorea.or.kr/daejeon/

(본원) 대전광역시 유성구 대학로 291 KAIST 나노종합기술원 9층

(분원) 대전광역시 중구 중앙로 118 대전도시공사 4층

| 부산창조경제혁신센터 | 롯데 | 051-749-8900 |

유통·판로지원,영화/영상

https://ccei.creativekorea.or.kr/busan/

부산시 해운대구 센텀중앙로 78 센텀그린타워 3층

| 서울창조경제혁신센터 | CJ | 02-723-9100 |

패션, 푸드테크

https://ccei.creativekorea.or.kr/seoul/

(본원) 서울시 종로구 세종대로 178 KT광화문지사West 1층

(분원) 서울시 종로구 종로 6 (서린동, 광화문우체국) 5층

| 세종창조경제혁신센터 | SK | 044-999-0003~0005 |

스마트농장, 농업 벤처 창업

https://ccei.creativekorea.or.kr/sejong/

세종특별자치시 대첩로 32 세종창조경제혁신센터 [(구) 세종시 교육청]

| 울산창조경제혁신센터 | 현대중공업 | 052-222-9127 |

스마트/에코 선박, 의료 장비

https://ccei.creativekorea.or.kr/ulsan/

(본원)울산 남구 대학로 93 울산대 공학 5호관(2층)

(분원) 울산 남구 옥현로 129 벤처빌딩(4층,6층)

| 인천창조경제혁신센터 | 한진 | 032-458-5000 |

중소기업 수출 물류 지원, 한-중 벤처 창업 협력 플랫폼

https://ccei.creativekorea.or.kr/incheon/

(본원)인천 연수구 갯벌로 12 미추홀타워 7층(송도동)

(분원) 인천 남구 석정로 229 JST타워 6, 7층(도화동 76-16)

| 전남창조경제혁신센터 | GS | 061-661-2002 |

첨단 융복합 농수산업 바이오 케미컬

https://ccei.creativekorea.or.kr/jeonnam/

전라남도 여수시 덕충 2길 32(덕충동)

| 전북창조경제혁신센터 | 효성 | 063-220-8900 |

탄소산업 클러스터 조정, 전통문화 및 농식품 산업 육성

https://ccei.creativekorea.or.kr/jeonbuk/

전라북도 전주시 완산구 홍산로 245 (서광빌딩 1, 2층)

| 제주창조경제혁신센터 | 카카오 | 064-710-1900 |

소프트웨어, 관광, 카본프리(탄소 없는)섬

https://ccei.creativekorea.or.kr/jeju/

제주특별자치도 제주시 중앙로 217 (이도이동) 제주벤처마루 3~4F

| 충남창조경제혁신센터 | 한화 | 041-536-7888 |

태양광 응용제품 아이디어 사업화, 무역존

https://ccei.creativekorea.or.kr/chungnam/

(본원)충남 아산시 배방읍 희망로 100, 2층(천안아산역사) 천안아산 KTX역사

(분원) 충청남도 천안시 서북구 직산읍 직산로 136 충남테크노파크 생산관 내

| 충북창조경제혁신센터 | LG | 043-710-5900 |

바이오, 뷰티 친환경에너지

https://ccei.creativekorea.or.kr/chungbuk/

충청북도 청주시 청원구 오창읍 각리1길 97

| 포항창조경제혁신센터 | 포스코 | 054-221-3800 |

ECO 산업단지 조정, 첨단 소재 클러스터 조정, 에너지 절감형 공장 솔루션

https://ccei.creativekorea.or.kr/pohang/

포항시 남구 지곡로 80 포항창조경제혁신센터(C5) 5F

- 출처: 창업핫플레이스(http://changupmap.young.go.kr/)

3. 지역별 창업 선도 대학

센터 홈페이지 주소	전화
가톨릭관동대학교 창업보육센터 http://www.ckubic.or.kr/sub3/sub3_1.html 강원도 강릉시 사임당로 641-28	033-655-8843
강원대학교 강원창업보육센터 http://kwbi.kangwon.ac.kr 강원도 춘천시 강원대학길 1	033-250-8966
건국대학교 글로컬창업보육센터 http://bigc.kku.ac.kr/ 충청북도 충주시 충원대로 268	043-840-4752
경기대학교 창업보육센터 http://www.bi.go.kr/incu/center/list.do 경기도 수원시 영통구 광교산로 154-42	031-249-8971
경성대학교 창업보육센터 http://cms2.ks.ac.kr/kibic/main.do 부산광역시 남구 수영로 309	051-663-5901
경일대학교 창업보육센터 http://bi.kiu.ac.kr/main/main.htm 경상북도 경산시 하양읍 가마실길 50	053-600-4431
계명대학교 창업지원단 http://www.kubic.co.kr/ 대구광역시 남구 명덕로 104	053-620-2044
단국대학교 디자인공예창업보육센터 http://bi.dankook.ac.kr/ 경기도 용인시 수지구죽전로 152	031-8005-2806
대구대학교 창업보육센터	053-850-5588

http://www.bi.go.kr/promote/center/insertCenterPage.do?centerId=bicc0043

경상북도 경산시 진량읍 대구대로 201

| 동국대학교 창업보육센터 | 02-2088-2133 |

http://dvic.dongguk.edu/

서울특별시 중구 퇴계로36길 2, 본관 820호 (필동2가)

| 동서대학교 드림이밸리(Dream.E.Valley) | 051-320-2071 |

http://dev.dongseo.ac.kr/

부산광역시 사상구 주례로 47

| 동아대학교 창업보육센터 | 051-200-6451 |

http://www.bi.go.kr/promote/center/insertCenterPage.do?centerId=bicc0062

부산광역시 사하구 낙동대로550번길 37

| 부경대학교 창업보육센터 | 051-629-5205 |

http://sh.pknu.ac.kr/bi/

부산광역시 남구 신선로 365

| 성균관대학교 창업보육센터 | 031-290-5088 |

http://ranbiz.skku.edu/?p=29

경기도 수원시 장안구 서부로 2066 성균관대학교

| 순천대학교 창업보육센터 | 061-750-3851 |

http://www.bi.go.kr/promote/center/insertCenterPage.do?centerId=bicc0105

전라남도 순천시 중앙로 255, 순천대학교 창업보육센터 (석현동)

| 순천향대학교 BIT창업보육센터 | 041-530-1581 |

http://www.schbi.net/index.htm

충청남도 아산시 신창면 순천향로 22

| 숭실대학교 벤처중소기업센터 | 02-828-7057 |

http://research.ssu.ac.kr/

서울특별시 동작구 상도로 369

| 연세대학교 창업지원단 | 02-2123-4317 |

http://venture.yonsei.ac.kr/board/index.php

서울특별시 서대문구 연세로 50

영남이공대학교 창업보육센터　　　　　　　　053-650-9477

http://changup.ync.ac.kr/sub/page.htm?mnu_siteid=changup&mnu_uid=120&m1=3

대구광역시 남구 현충로 170

원광대학교 IT·BT창업보육센터　　　　　　　063-850-7466

http://www.bi.go.kr/promote/center/insertCenterPage.do?centerId=bicc0133

전라북도 익산시 익산대로 460 원광대학교

인덕대학 창업지원단　　　　　　　　　　　02-950-7091

http://induk.minews.co.kr/?r=home&PHPSESSID=30d528f7784fcf42621e0c93b2c21618

서울특별시 노원구 초안산로 12

인천대학교 송도창업보육센터　　　　　　　032-835-9683

http://www.inu.ac.kr/user/indexSub.do?codyMenuSeq=216709&siteId=rnd

인천광역시 연수구 갯벌로 12

전북대학교 창업보육센터　　　　　　　　　063-270-4256

https://bi.jbnu.ac.kr/

전라북도 전주시 덕진구 백제대로 567

전주대학교 창업보육센터　　　　　　　　　063-220-2746

http://jubi.jj.ac.kr/

전라북도 전주시 완산구 천잠로 303

제주대학교 창업보육센터　　　　　　　　　064-752-4413

http://jnubi.jejunu.ac.kr/

제주특별자치도 제주시 중앙로14길 21

조선대학교 창업보육센터　　　　　　　　　062-230-7667

http://www.chosun.ac.kr/cubi/

광주광역시 동구 필문대로 309

창원대학교 창업보육센터　　　　　　　　　055-213-2965

http://www.bi.go.kr/promote/center/insertCenterPage.do?centerId=bicc0168

경상남도 창원시 의창구 창원대학로 20

충북대학교 창업보육센터　　　　　　　　　043-261-3237

http://startup.cbnu.ac.kr/index.php/menu06/0601

충청북도 청주시 서원구 충대로 1 (개신동)	
한국교통대학교 창업보육센터	043-841-5602
http://www.bi.go.kr/promote/center/insertCenterPage.do?centerId=bicc0178	
충청북도 충주시 대소원면 대학로 50	
한국산업기술대학교 창업보육센터	031-8041-0893
http://www.kpubic.or.kr/	
경기도 시흥시 산기대학로 237	
한남대학교 창업보육센터(HNU Science Park)	042-629-8718
http://changup.hannam.ac.kr/	
대전광역시 유성구 유성대로 1646	
한밭대학교 창업보육센터	042-821-1697
http://bi.hanbat.ac.kr/html/kr/	
대전광역시 유성구 동서대로 125	

- 출처: 창업핫플레이스(http://changupmap.young.go.kr/)

나는 **정부과제**로 **창업한다**

1판 1쇄 인쇄 | 2017년 5월 30일
1판 1쇄 발행 | 2017년 6월 5일

지은이 우 혁, 박성완
펴낸이 김기옥

프로젝트 디렉터 기획1팀 모민원, 정경미
커뮤니케이션 플래너 박진모
경영지원 고광현, 임민진, 김주현
제작 김형식

디자인 제이알컴
인쇄 · 제본 민언프린텍

펴낸곳 한스미디어(한즈미디어(주))
주소 121-839 서울시 마포구 양화로 11길 13(서교동, 강원빌딩 5층)
전화 02-707-0337 | 팩스 02-707-0198 | 홈페이지 www.hansmedia.com
출판신고번호 제 313-2003-227호 | 신고일자 2003년 6월 25일

ISBN 979-11-6007-142-9 13320

책값은 뒤표지에 있습니다.
잘못 만들어진 책은 구입하신 서점에서 교환해 드립니다.